# あの人はどうしてそうしてしまうの？
## 身近な7つの扉から入る心理学の世界

羽成隆司・河野和明/編著

ポラーノ出版

## 本書のねらい

　本書は、心理学に興味をもちはじめた人に、"とりあえず最初に読んでもらうための本、教科書や参考書を読む前に読んでほしい"本です。以前から心理学が気になっていた、なんていう一般の方はもちろん、とくに大学に入学したばかりでこれからはじめて心理学という学問に触れようとしている方、まだ高校生だけど大学に入学したら心理学を学んでみようかなと思っている方に読んでいただくことを想定しています。私たちに身近な事柄について、心理学で明らかにされていることをかみ砕いて説明し、心理学研究のおもしろ味を感じてもらおうというのがねらいです。

　一般の教科書では、心理学の代表的なテーマについてグラフや表でデータを示しながら説明していくことが多いのですが、本書ではテーマを身近なものに限定し、グラフや表はほとんど出さないようにしました。これは、心理学のお勉強というよりも、一つの読み物として心理学の入門書を味わっていただきたい、できるだけ気楽に読んでもらいたいということを意図したためです。とはいっても、決して内容がいい加減というわけではありません。紹介していることはきちんとした心理学研究に基づいたものばかりです。

　優れた心理学の教科書や入門書はこれまでに数多く出版されています。ですから、心理学に興味のある人はぜひそれらを読んでいただきたいのです。ところが、私たちが大学の授業で学生に読んでもらおうと評判のよい教科書を紹介しても、学生はそれをきちんと読んでくれるとはかぎりません。テストの直前に、出題されそうなところを読むくらいという学生も少なくないようです。よいことがたくさん書いてあるのにもったいない話です。……なんて偉そうなことをいう資格は私にもありません。私も大学1年生のときはじめて受けた心理学の授業では、指定された教科書をほんの少ししか読まないまま終わってしまったのですから。

　心理学に興味のある人なら、いろいろな期待をもって教科書を読もうとしたはずです（私もそうでした！）。では、どうしてそれらをちゃんと読まずに終わってしまうのでしょうか。もちろん教科書の出来がよくないからではありません。

本書のねらい

iii

著者である心理学の研究者たちは、読者に心理学の重要な事柄をバランスよく正確に説明しようと一生懸命に教科書を作っています。ただ、はじめて心理学を学ぼうとする人には、その内容がちょっととっつきにくい。

とっつきにくい原因の1つは、教科書では心理学で使う専門的な言葉があまり説明されないまま出てきたり、調査や実験の説明が長かったり、グラフや統計を読み取らねばならなかったりすることにあります。心理学にはじめて出会う人にとってこれはなかなかたいへんです。

もう1つの原因は、心理学の重要な事柄がバランスよく正確に説明されているという「教科書らしさ」自体にあるのかもしれません。たとえば、日本史の教科書の中で、戦国武将や平安の女流作家の活躍はとてもおもしろく思えても、すべての時代についてさまざまなことが淡々と書かれている教科書全体を読もうとすると、よほど日本史好きの人でなければ退屈なところが多くなってしまうのと同じです。教科書として正確にしっかりとまとまっているからこそ、かえって読むことに努力が必要となり、その結果、全部を読み通さないまま終わってしまいがちなのでしょう。

これらの理由から、この本では、思い切って取り上げるテーマを7つに絞り、わかりやすく心理学の紹介をしていくことにしました。


ところで、心理学とはどんな学問なのでしょうか?

心理学というくらいですから、「心」を研究する学問であることに間違いはありません。実際、心理学の教科書には、「心を科学的に研究する学問」という意味の説明が書かれていることもあります。そして、「科学的に研究する」という通り、心理学の研究者は、実験をしたり、観察や調査を行ったりしてデータを集め、それを統計的な方法によって分析するということをよくしています。でも、心なんてそもそも目に見えないし、手で触れられるわけでもありませんから、いったいどうやって実験や観察ができるというのでしょう? なんだかよくわかりませんね。

もう1つ不思議なことがあります。心理学は心を研究する学問なのに、心理学の教科書にも、参考書にも、専門家が書く論文にも、「心」という言葉はあまり出てこないのです。なぜなのでしょうか?

わかりやすく心理学の紹介をしていく、なんていいながら、なんだか読者の
みなさんを混乱させてしまいそうですが、ここではとりあえずつぎのように考
えていただきたいです。

まず、心理学は人間の「行動」を科学的に研究する——人間はどういうとき
にどういう行動をするのか、その行動のしくみはどうなっているのか——を明
らかにする学問、であると思ってください。「心はどこへ行っちゃったの?」
と言われそうですが、上に書いたように、心は目に見えないし、直接触れるこ
ともできませんから、実験や観察といった科学的な研究を行うことができませ
ん。この液体は酸性かアルカリ性か? アサガオは種を蒔いてから何日くらい
で発芽するのか? こういった問題なら実験や観察で研究できますが、心はそ
ういうわけにはいきません。でも、心のありようは、行動にあらわれることが
多いですよね。悲しいとき（心のありよう）には泣く（行動）、腹が立ってい
るとき（心のありよう）には暴れる（行動）のように。そして、泣くとか暴れ
るなどの行動は目に見えます。目に見えるものなら、それらを実験や観察など
によって調べることができます。

このような事情で、心理学の研究者は、——もちろん心に関心をもちつつも
——実際には人間の行動を調べているというわけです。読者の方にはちょっと
すっきりしないかもしれませんが、いったん「心」を横に置いておき、「行動」
に着目してください。

では、行動とはなんでしょうか? 歩く、走る、しゃべる、驚く、逃げる、迷う、
差別する、判断する……具体例はたくさんありますが、手っ取り早くいえば、
動詞であらわされるものはすべて行動といえます。動詞をつぎつぎに挙げてい
くと膨大な数になりますので、すべてに着目するというわけにはいきません（日
本語の動詞だけで、少なく見積もっても 10,000 以上はあるらしいです!）。
また、どんな行動も私たちにとって重要なものですが、本書では絞りに絞って、
7つの行動——つきあう、恋する、育つ、学ぶ、記憶する、悩む、見る、につ
いて説明します。

ほかにも取り上げたい行動はたくさんあります。たとえば、聴く、考える、
怒る、教える、着る、食べる、触る、自殺するなどなど。これらについても、

本書のねらい

心理学の分野では興味深い多くの研究が行われています。でもここではとくにみなさんにとって身近で大事な7つの行動を選び、それら以外は、別の機会に譲ることにしました。まずは身近な行動を知ることによって、心理学の世界に入っていただきましょう。

　本書を読み通していただき、「心理学ってなかなかおもしろいな」と感じた方は、いわゆる教科書や入門書、さらにより専門的な参考書などにも挑戦してください。本書がそのような本との橋渡しになれば、これ以上の喜びはありません。

　本書の出版の機会をいただいたポラーノ出版の鋤柄禎さんにはたいへんお世話になりました。厚く感謝申し上げます。

編者

contents

本書のねらい………… iii

# Chapter 1 「つきあう」の扉 🔑

はじめに　人づきあいってどうして難しいのだろう？　…………… 1

1　その人とはじめて出会ったとき──第一印象の作られかた……… 2

2　友人や恋人から誤解されているかも？……… 5

3　多くの人から好まれている人の特徴………… 7

4　似ている人とはつきあいやすい、
　　ほめてくれる人を好きになりやすい…………… 10

5　うまくつきあい続けるためのコツ ………… 12

6　変化に気づいて口に出す …………… 14

7　ロクデナシの恋人と別れられないしくみ ………… 16

8　気づかないうちに他人に厳しく自分に甘くなっているかも……… 17

9　人から OK をもらう方法──説得のテクニック ………… 19

10　よい自己イメージが人づきあいの幅を広げる ……………… 21

おわりに　トラブルを覚悟して、勉強と実践を！ …………… 24

○コラム　対人認知の気分一致効果と感情情報機能説 …… 26

# Chapter 2 「恋する」の扉 🔑

はじめに　そう、恋愛は特別なのだ！ ………………… 27

1　恋愛──その生物学的な根拠 …………………………29

2　女の事情 vs 男の事情 ………………… 31

3　恋愛の激しさを 3 つの要素から測る ………………… 33

4　熱愛の感情が必要なのは、"婚期を逃さないため" …………37

5　愛情を 3 つの成分に分ける ……………… 39

6 恋愛のスタイルの分類 ………………………… 41

7 恋人との関係には子どもの頃の親子関係が影響する ………… 44

8 恋に落ちるきっかけ ………………… 46

9 恋は段階を踏んで進行していく ……………… 49

10 恋愛には、"損得のバランス"が大事 ………… 52

おわりに　それでも恋はすてきさ ……………… 53

○コラム　「気持ち悪いもの」は年齢で変わる ……………55

ウエスト＝ヒップ比率：美しいと感じられる女性の体型 ……… 56

感情は他者に伝わる：情動の社会的共有 ……………… 57


# Chapter 3 「育つ」の扉 🔑

はじめに　人間は、生まれてから死ぬまで育ち続ける …………… 59

1 発達には成長だけでなく停滞・衰退・消失も含まれる ……… 60

2 赤ちゃんの発達の意外なからくり
　　　　──微笑み一つで大人を操ることも…………… 63

3 赤ちゃんの能力、恐るべし！………………………65

4 人見知りは乳幼児の武器 ……………………… 66

5 遊びの変化は発達の印 ……………68

6 大人なら突然「腹が立つよね～」なんて言わないけれど ………… 70

7 友達の移りかわりも発達の印 ………………………71

8 心が大人になることとは？ ……………… 73

9 親らしさを身につける予習──養護性の発達 ……………… 75

10 子育ては、親育て ………………77

11 成人期以降の生きがい ………………80

おわりに　人間はどこまで育つのか ……………… 81

○コラム　子育てのジェンダーバイアス ………… 84

発達障害 ………… 85


psychology

viii

# Chapter 4 「学ぶ」の扉 🔑

はじめに　学習＝学校の勉強、じゃない ················· 87

1　心をもったロボットの作りかた ················· 88

2　生まれつきの行動と学ばれる行動 ················· 90

3　一発OK！の学習、時間がかかる学習 ················· 91

4　「Eureka（おお、これだ）！」················· 93

5　"自分にとって重要じゃないこと"は学習できない、
　　いくら時間をかけても！················· 96

6　縦シマ世界のネコは横シマのガラス板を見るか？················· 98

7　蓼食う虫も好き好き？──趣味や好みの個人差と学習 ··········· 99

8　「○○が怖くて怖くてしかたない」も学習される ········· 101

9　"行為とその結果の結びつき"を学ぶ──オペラント学習 ······ 104

10　ごほうびが学習の邪魔をすることもある ················· 107

11　やればできる！──コンピテンスを学ぶ ··········· 108

12　"他者とともに生きる"ことから学ぶ、
　　"他者とともに生きる"ために学ぶ ········ 109

おわりに　学習のチャンスを失わないために ················· 113

○コラム　動物実験と学習心理学 ··············116

動物研究の展開 ················· 117

学習心理学から見た心の病とその癒し ··········· 118

# Chapter 5 「記憶する」の扉 🔑

はじめに　記憶への不満と過信 ··············119

1　記憶を別のなにかにたとえて理解する──記憶のモデル ········ 120

2　注意の範囲はとても小さいことを肝に銘じよう ··········· 122

3　思い出と知識は異なるタイプの記憶 ·············· 125

4　人生の中で経験した重要な出来事の記憶 ········ 127

5 マニュアルというのはなぜわかりにくいのか？ ……………… 129

6 色に関係する記憶——色記憶と記憶色 ……………… 130

7 "未来"の記憶 ……………… 132

8 "古いものほど忘れやすい"というのはほんとうか？ ………… 133

9 なぜ、思い出せないんだ！ ……………… 135

10 小、中学校で習った漢字のテスト。簡単すぎ？………… 136

11 想起されたことが事実そのままとはかぎらない

——記憶の変容、ニセモノの記憶の誕生………… 139

おわりに メタ記憶を鍛えよう！ ………………………142

❍コラム 「顔」は特別？ ………………145

状況の不一致を乗り越えて ………… 146


# Chapter 6 「悩む」の扉 🔑

はじめに うまく悩めるようになるために ……………… 147

1 年齢を重ねても尽きることがない悩み …………… 149

2 創造的な活動には悩みがつきもの ……………… 151

3 ストレスとはなにか？ …………… 152

4 強力なストレッサーと些細なストレッサー ……………… 154

5 悩みが生まれるかどうかは、受けとめかたや対処のしかた次第…… 155

6 その悩みは、敵？ 鬼コーチ？ ライバル？ ………… 157

7 悩みに向き合う——さまざまなコーピング ………… 160

8 悩みを管理する ………………162

9 それでも乗りきれないときには——専門家による心理的援助…… 165

おわりに 悩みとつきあいながら生きていく ……… 172

❍コラム さまざまな心の病気

（統合失調症とうつ病／不安障害／人格障害）………174

psychology

# Chapter 7 「見る」の扉 🔑

はじめに　生きるために"見る"……………………………… 177

1　光：見ることの出発点 ……………………………………178

2　すばらしい目のつくり　　……………………… 180

3　"見る"ことはまるで料理!?　…………………… 182

4　錯視はトリックじゃない ………………… 184

5　処理のどこでもずれる！ ……………… 188

6　錯視は"視覚の文法"…………… 190

7　ルールをわかっていないからこその錯視!? ………… 200

おわりに　当たり前のありがたさ ………… 201

�🌑コラム　虹は7色？ ……… 203

文献…………… 204

索引……… 207

本文イラスト　：磯部　恵 Isobe Megumi

装幀、装画　　：小林敏也 Kobayashi Toshiya（山猫あとりゑ）

本扉・中扉絵　：小林敏也『画本　宮澤賢治　注文の多い料理店』より

# 「つきあう」の扉

## 🔑 はじめに
### ——人づきあいってどうして難しいのだろう？

　恋愛がうまくいかない、友人とケンカしてしまった、バイト先の人とうまくいかない、恋人ができない、第一印象が悪くて損をしている気がする、友人や恋人から誤解されている、ロクデナシの恋人だとわかっているのに別れられない……。誰にでもいろんな悩みや関心事があると思うけれども、人間関係にかんすること、言い換えれば人とつきあうことが、一番気になっているという人は多いのではないかな？

　人ごとではない。こんなことをいっている私だって、いつも一番気にしているのは人づきあいのことだ。友人や家族とのふだんの会話を考えてみても、その内容は人の噂話やら悪口やらがどうしても多くなってしまう。これは人づきあいがうまくいかず悩んでいることのあらわれなんだろう。

　人間は社会的動物といわれていて、社会の中で、集団の中で、生きている。手っ取り早くいえば、私たちはひとりでは生きていけない。だから、人づきあいはとても重要だ。だけど、人づきあいってほんとうに難しい。重要なことなのになかなかうまくいかないから、いつも気にしているのかもしれない。

　人づきあいってどうしてそんなに難しいのだろう？　人づきあいの中で多くの人が同じように苦労をすることの背景には、じつは誰にでも共通したしくみがある。この章では、そういう人づきあいにかんするしくみを紹介していく。あなたの人づきあいの参考にしてくれたらうれしい。

## 1 その人とはじめて出会ったとき——第一印象の作られかた

　心理学の分野で対人関係について主に検討しているのは、社会心理学という領域だ。社会心理学では、人が他者をどのようにとらえるかを考える**対人認知** person perception、人がどのような人と仲よくなったりするのかを考える**対人魅力** interpersonal attraction などのテーマに取り組み、そのしくみを説明している。本章でもこれらの研究の成果を紹介していくことになる。
　では、人づきあいについて考えていくために、まず人と人とが最初に出会う

ときに抱く第一印象の話からはじめよう。これが人づきあいの最初だから。第一印象はとても大切だ、ということをよく聞くよね。入学試験や就職活動の面接は第一印象が大切だし、合コンなんかでも、第一印象によって、「この人に近づきたい」「この人は避けようかな」なんて即座に決めてしまうことがあるだろう。このように、確かに第一印象は大切なのだけれども、では第一印象はその人の姿を正しく反映しているのだろうか。

　「今の親友は、出会ったころは苦手だなと思っていたのだけれども、しばらくたってから気が合うことがわかってきた」とか、「最初はステキだなと思って交際してみたけど、つきあっているうちにすごく嫌なヤツということがわかって別れた」とか、あなたにもそんな経験があったり、まわりの人から聞いたりしたことがあると思う。それから、一目惚れでつきあいはじめたカップルは、相手のことについてよく知らないうちに交際をはじめちゃうから、そうでないカップルよりも別れる可能性が高い、なんてことも聞いたりするよね。これも人の第一印象がはずれやすいことの1つの証拠かもしれない。こうなると、第一印象は、あまり当てにならないという気がする。

　このように相手のことをよく知らないうちに抱いてしまう第一印象は、はずれることも多いのだけれども、じゃあなぜ、そもそもそんなはずれるかもしれない第一印象を私たちは抱いてしまうのだろうか？　それは、もし私たちがまったく第一印象をもたなければ、初対面の人にたいしてどう接したらいいかわからなくなってしまうからだ。初対面の相手にたいしては、「あっ、この人いい感じ。仲よくなれそう」とか「この人はちょっと近寄りたくないな……」と感じて、ある人とは仲よくなろうとし、ある人には近づかないようにすると思う。その仲よくしようと思うか思わないかを決めているのが、第一印象だ。つまり、第一印象は、たとえそれがはずれてしまうことがあっても初対面の人に近づくか、避けるかを決める手がかりとしての役割を果たしているのだ。

　では、第一印象ってヤツは――とくに間違った第一印象は――どのように生まれてくるのだろう？　いろいろな要素が考えられるけれども、ここでは2つの原因を紹介しよう。

　1つ目は**ステレオタイプ** stereotype というものだ。これは、職業や性別、人種などによってイメージされる偏見のようなものだと思ってもらえばい

chapter1―「つきあう」の扉

い。あなたが女の子だとして、友人から「今度、合コンに行かない？」と誘われたとしよう。そのときに、誘ってくれた友人が、今度の合コンの相手は公務員なのだと教えてくれた場合と、今度の合コンの相手は体育会系の大学生なのだと教えてくれた場合とでは、合コン相手にたいするイメージがかなり違うだろう。公務員ってマジメそう、体育会系の大学生はエネルギッシュでさわやかそう、なんて、まだ会ってもいないのに勝手に思い描いてしまうのがふつうだ。公務員にはマジメな人が多いかもしれないけれども、だからってすべての公務員がマジメなわけじゃないし、これから会う合コンの相手がそうだという保証はない。でもこのような職業にたいするステレオタイプをもっていることが、第一印象をはずれさせる原因にもなるんだ。

　２つ目は、性格と外見（とくに容姿・容貌）との誤った関係を思い込んでいる場合。初対面だと、目と眉がキッとつりあがっているような顔の人だと、その人を怖いと感じてしまったり、太っている人だとノンビリしていて人当たりがよさそうに感じてしまったりすることがある。人の容姿・容貌と性格との間にはなんの関係もないということは心理学的にはっきりしている。しかし、私たちは直感的にこの顔つきの人はこういう性格だ、と思ってしまう傾向がある。同じように「美人は性格が悪い」なんて言う人がいるけれども、それも正しくない。これは、裏返せば"美人でない人は性格がいい"という、美人でない人を慰めるような意味にもなるけど、残念ながらそれも違う。顔に自信がない私としては、顔がよくない人は性格がいいってことがほんとうだったら救われるのだけどね……。当たり前だけれども、美人の中には性格のいい人もいれば悪い人もいるし、美人でない人の中にも性格のいい人も悪い人もいるというのが正しい。

　他にもいろいろな要素が考えられるけれども、重要なことは、少ない情報から作り上げられる第一印象は、その人のほんとうの姿とは一致しない可能性が高いということだ。だから初

対面での第一印象にとらわれすぎない方がいいことは確かだ。とらわれすぎると人づきあいの幅を狭めてしまうことになりかねない。

 **友人や恋人から誤解されているかも？**

　第一印象のはずれやすさを強調したけれども、ではふだんよく顔を合わせるような親しい人との間では、お互いに誤解はないのだろうか？　たとえば、「私はいつも遅刻するヤツだと思われている。実際には滅多に遅刻したことなんかないのに」「彼のことを浮気性だと思っていた。実際にはそうじゃなかったのに」なんて誤解されたり誤解していたりしたことはないだろうか？　じつはよく知っている人どうしでも、間違った思い込みをもってしまっていることも少なくない。それにはいくつかの理由がある。

　私たちは、ある人がある行動をしたときに、どうしてこの人はこういうことをしたのだろうか？と、その原因を考えようとする。ある人が約束をすっぽかしたら、「だらしない性格だから約束を忘れちゃったんだろう」とかね。人の行動の原因を大きく2つに分けると、その人自身に原因がある場合と、その人以外に原因がある場合とがある。約束をすっぽかした原因が、だらしない性格やのんびりした性格にあるとすれば、その人自身に原因があるといえるし、やむにやまれぬ急用ができたとかであれば、その人以外に原因があるということになる。ただ、私たちは他人の行動の原因を推測するとき、ほんとうはその人以外に原因がある場合でも、ついついその人自身に原因があると考えてしまう。簡単にいえば、私たちは、他人の行動を"その人の性格のせい"にしてしまいがちということだ。遅刻した人が、ほんとうはやむを得ない急用が原因だったときでも、「この人はだらしないから約束をすっぽかしたに違いない」と考えやすいということだね。このように、人の行動は性格と深く結びついているという強い思い込みが、私たちの判断を歪めてしまうことがあるんだ。

　ちょっと話がそれるけど、この傾向は、人づきあい以外の場面でも私たちの人にたいする判断を誤らせることがある。たとえば、殺人犯をテレビのニュースで見た場合に、「この人は残忍で悪い人だ」と考えやすいよね。でも、ほんとうはとても優しくていい人だけれども、やむにやまれぬ理由で殺人を犯して

chapter1―「つきあう」の扉　　5

しまったのかもしれない。このように、たまたま見た表面的な行動だけで、その人の性格まで間違って想像してしまうことが多い。バイト先であなたが「この人暗い性格だな」と思っている人は、ほんとうは性格が暗いんじゃなくて、じつは家族がずっと病気で、落ち込んでいるからなのかもしれないよ。

　また、間違った思い込みをもつことには、私たちの情報処理能力の限界も関係している。そもそも私たちにはいろいろ考えたり、判断したり、頭を使わなければならないことが日頃から多すぎる。「今日着ていく服はなにににしようか」「お昼はどこで食べようか」「この人と交際を続けてもいいのかな」などなど、すべてのことを全力で考えていたら、頭に負担がかかってパンクしてしまうだろう。だからといってすべてのことを適当に考えるのも危険だ。それを避けるために、人の頭は"多くのことは単純に考え、重要なことだけをしっかり考える"ようになっている。お昼ごはんの選択と恋人の選択を、同じぐらい真剣に考える人はいないよね。だから、その人をどういう人物だと認識しておくかというとき、この人はこういう人、と決めてしまえば、単純に考えることができる。「恵子さんは優しい人」「直樹くんはマジメな人」と決めてしまえば、頭に負担がかからずにすむ。というわけで、人にかんする一度もってしまった認識は、なかなか変わらない（これが"思い込み"というものだね）ことになってしまうんだよ。

　人にかんする認識が変わりにくい理由は他にもある。1つは、記憶のしかたの違いだ。人には、抱いている認識と一致した行動はよく覚えるけれども、一致していない行動については記憶しにくいという特徴がある。あなたが「遅刻する人」という印象をすでにもたれているとしよう。すると、あなたが遅刻をしたときには、まわりの人はそのことをよく覚えているが、あなたが遅刻しないである待ち合わせに間に合ったとしても、そのことは残念ながら覚えてもらいにくい。そうすると遅刻をしたことだけが覚えられていて、遅刻をしなかったことは忘れられてしまうので、あとで思い出すとき、やっぱりあなたは遅刻ばっかりする人、ということになってしまうのだ。

　また、抱いている認識と違う行動があらわれたときに、それをどう受けとめるかという問題もある。さきほどは、認識と違った行動をすると覚えられにくいと説明したけれども、抱いている認識と違うことをしたら、意外だから逆に

psychology

記憶に残りやすいんじゃないの？と思った人もいるだろう。でも、遅刻をする人と思われているあなたが、あるとき遅刻をしなかったとしても、それは「たまたまでしょ」とか「珍しいこともあるもんだ」と受け取られてしまう。だから、遅刻をしなかったことが、「遅刻をする人」という認識を変化させることには影響しない。抱いている認識と違う行動をしても、それは例外として片付けられてしまうということだ。

　さらに、好き嫌いの感情も影響する。人には誰でもいい面と悪い面の両方がある。だけど、自分が好きな人にたいしてはいい面ばかりが意識されやすく、悪い面が意識されにくい。逆に嫌いな人にたいしては悪い面ばかりが意識されやすくて、いい面が意識されにくい。だから、好きな人はますますよく思え、嫌いな人はますます悪く思えるようになり、その人にたいする認識がキープされることになる。あなたがたまたまあるとき遅刻しただけなのに、残念ながらあなたのことをよく思っていない人には、遅刻したという悪い面ばかりが強く意識されてしまうわけだ。

　このように、人には一度抱いてしまった認識は変わりにくいというしくみがあるので、よく知っている者どうしでも、実際の姿とその認識とがズレているということがあり得るんだよ。お互いに気をつけないとね。

 ## 多くの人から好まれている人の特徴

　クラスや職場、バイト先などで、人気者といえるような人を思い浮かべてくれるかな。世の中には多くの人から好かれる人っているよね。それはどんな人たちなのだろう？　当然だけど、多くの人から好まれている人は、ふだんの人づきあいも順調な場合が多いだろう。そこで、ここでは心理学で**対人魅力** interpersonal attraction とよばれている、好まれる人、多くの人が仲よくしたくなる人の特徴を考えてみたい。ただ、ここでの"好まれる"というのは、激しい恋愛中の気持ちや一番の親友に感じている信頼というようなものではなく、好感がもてる、とか、気づいたら仲よくなっていた、というような意味だと考えてほしい。

　好まれる人の特徴はとてもたくさんあるから、はじめに素朴な３つを説明

しよう。

　第1に重要なのは"性格"だ。ちなみに現代日本における離婚の最大原因も性格の不一致というヤツだ。夫婦間のつきあいにも性格が大きく影響していることがわかる。では、どのような性格が好まれるのだろうか？　心理学的な調査から得られた結果からは、"誠実な人"、"思いやりのある人"が好まれることが明らかになっている（Anderson, 1968；齋藤、1985）。

　第2は"外見のよさ"で、これも好まれるための要素だ。とくに、人づきあいの初期においてはとても重要になる。異性どうしの場合は外見が重要かもしれないけど、同性どうしだったらあまり関係ないのではないかと思われるかもしれない。でも、同性どうしであろうが異性どうしであろうが、人は外見のよい人に魅かれてしまう傾向がある。1つ極端な例を挙げよう。幼稚園の先生が子どもたちを叱るとき、同じぐらい悪いことをしたとしても、外見のかわいい子どもは、あまりかわいくない子どもと比べて叱られにくいとか、叱られても軽く済んでしまうという調査結果があるんだ。幼稚園の先生と子どもの間だから、性のことはあまり関係なさそうだ。ひどいと思わないか、先生が子どもたちを外見で差別することがあるなんて……。でも、これは決して先生たちに悪意があって、意図的にやっているわけではなく、私たち誰にでもある特徴なんだ。無意識にやっているかもしれない差別を防ぐためには、私たちが外見のよしあしで人とのつきあいかたを変えてしまうことをちゃんと自覚しておかないといけないね。

　ところで、外見は、生まれつき決まっている部分の大きい容姿・容貌（顔つき・スタイル・背の高さなど）と、雰囲気（服装・髪型・表情など）の2つの要素に分けられる。外見というと容姿・容貌の方を考えがちだけれども、好まれるかどうかは、雰囲気の方も重要になることを忘れてはいけない。いくら美人でもニコリともしない人と、少々美人でなくてもいつも笑顔を絶やさない人とでは、どちらに好感を抱くかな？　いうまでもないだろう。

　さらに、雰囲気の中でも、とくに大切なのは、自分と外見が似ていること。簡単にいえば、自分と同じような服装や髪型をしているということだ。学校、職場、バイト先などで、はじめて人に出会ったとき、どのような人にいい印象をもったかを思い出してほしい。あなたが派手な服装や髪型をしているとした

ら、地味な服装の人とつきあいたくなることはちょっと考えにくいだろう。逆に、自分と同じノリの服装や髪型をしていて、似ている雰囲気をかもし出している人には好感を抱き、つきあいやすいと感じるだろう。今、あなたのまわりにいる友人を見てみても、どこか自分と共通した雰囲気の人が多いのじゃないかな。街で見かける人たちだって、似たような（少なくともあまりかけ離れていない）感じの人たちが友人として連れ立っていることが多いはずだ。

　じゃあ、どうして外見が似ている人とつきあいたくなるのか？　それは同じような服装や髪型をしているということは、好みや考えかたも似ている可能性が高いからだ。似ていることの影響については、このあとにも説明するけれども、同じような好みや考えかたをもっていると、実際のつきあいもスムーズにいきやすい。もし、服装の好みがまったく違う女の子が友人になったとしよう。2人で服を買いに出かけたとき、同じお店で買い物ができないし、片方の子が「この服かわいいね」と言ったとしても、もう1人の子は「うーん、今ひとつね」ってことになってしまうと、お互いにいい気分になれないよね。こんなちょっとしたことだけでも、似ている人とつきあう方がスムーズにいく気がするだろう。

　第3に、“近くにいること（**近接性** proximity）”も、とくに人間関係の初期においては、好まれるための重要な条件になる。たんに近くにいることが、意外に重要なのだ。思い出してほしい。中学や高校に入学したばかりのときに、最初に仲よくなったのは誰だっただろう。席が近い人や出席番号が近い人じゃなかったかな？　このように、近接性は気づかないうちに人と人を仲よくさせる力をもっている。じゃあ、どうして近くにいる人に魅かれてしまうかというと、そもそも私たちには、見慣れている物や人、よく接する物や人に好感をもつという傾向があるからだ。これは**単純接触効果** mere exposure effect とよばれている。だから、単純にいってしまえば、100回見たことのある人と、はじめて会った人とでは、私たちは100回見たことのある人に親しみを感じてしまうのだ。近くにいるということは、必然的に相手のことを見慣れるし、よく接触することになるから、仲よくもなりやすい。当たり前といえば当たり前なのだが、やっぱり仲よくなるためには、よく会ったり連絡したりすることが重要なのだ。

　また、近くにいることは、つきあう上でめんどうなこと、都合の悪いことが

chapter1—「つきあう」の扉

9

少なくなるという利点もある。たとえ親友や恋人でも、近くにいないと、不都合なことが増える。会いたいと思ってもすぐに会えないとか、会いに行くのにお金がかかるとかね。だから、どうしても遠くにいる友人や恋人とは疎遠になりやすいんだ。そして、いつの間にか身近な人と親しくなってしまう可能性が高くなる。遠距離恋愛中の恋人が身近にいる人を好きになってしまった、という理由でフラれてしまうのは定番中の定番だよね。私も遠距離恋愛で2回フラれたことがあるんだ……。

 似ている人とはつきあいやすい、
　　ほめてくれる人を好きになりやすい

　行動や考えかたが似ていることも非常に重要だ。類は友を呼ぶ、といわれることがあるように、あなたの親しい友人の行動パターンや考えかたには、あなたとの共通点がいくつもあるだろう。外見のよさのところでも、似ている人とのつきあいはスムーズにいきやすいという説明をしたけど、外見だけでなく考えかたや趣味など、内面が似ていることも大切だ。外見も内面も、**類似性 similarity** は重要なのだ。
　たとえば、恋人として交際することになったとき、彼女の方はデートの食事代は男の子が払うものと考え、彼の方はワリカンと考えていたら、デートのたびに気まずい思いをすることになってしまう。デートの食事代はこのように払

うのが正しい、というような正解があるわけではないので、食事代は男の子が払うもの、と彼と彼女の両方が思っていればうまくいくし、ワリカンが当たり前だと彼と彼女の両方が思っていれば、こちらもうまくいくだろう。結局、同じような考えかたをもっている方がふだんのいろいろなつきあいがスムーズになるってことだよね。

　似ている人とつきあうことには、自分に自信がもちやすくなるというメリットもある。あなたがバイト先の店長に腹を立て、友人に「うちの店長ひどいんだ」と愚痴をこぼしたとしよう。そのときに、友人が「そうだねえ。確かにその店長ひどいねえ」と言ってくれたら、自分の考えは間違ってなかったと思えるだろう。でも、友人から「それは違うんじゃないか。店長がひどいんじゃなくてあなたがいけないと思う」と言われたら、自分が間違っているのかなとガッカリするだろう。自分のまわりに同じような考えかたをする人がいれば、ふだんから自分の考えかたに賛成してもらいやすいから、自分に自信をもつことにつながる。

　ただ、自分に似た人よりも自分にないものをもっている人を好きになる、自分が尊敬できる人を好きになる、自分よりレベルの高い人と仲よくなって自分を向上させたい、という人もいるだろうね。こういう人は、自分に似た人とつきあいたくなるということとは、まったく正反対の特徴をもっていることになる。もちろんこれはちっとも悪いことではないし、プラスになることも多いに違いない。でも、自分よりもレベルの高い人とつきあっていくためには、その人のレベルに合わせるためにいつも自分が努力をする必要がある。最初はいいかもしれないけれども、しばらくつきあっていくうちに疲れてしまうだろう。心理学では、**マッチング（釣り合い）仮説** matching hypothesis といって、同じレベルの人たちがカップルや友人になる方が、うまくいきやすいことが確かめられているんだ。それでもやっぱり、自分にないものをもつ人が好き、尊敬できる人がいいという人は、ある程度苦労をすることを覚悟しなければならない。

chapter1─「つきあう」の扉

人に好かれる要因をもう1つ挙げておこう。すごく当たり前のことだけど、"ほめてくれること、好意を示してくれること"だ。自分をほめてくれる人や好きだといってくれる人と、自分をけなす人や嫌っている人では、どちらに好感を抱くだろうか。当然、ほめてくれる人、好きだといってくれる人に好意を感じるだろう。親友や恋人どうしでは、お互いのいいところをほめあうことが多いよね。それは知らず知らずのうちに、お互いの好意を高めているんだ（人づきあいの上で、ほめること、ほめられることの大切さはあとでも出てきます）。

## うまくつきあい続けるためのコツ

　つぎは、お互いに魅かれあって仲よくなった者どうしが、どのようにして、その親密な関係をキープしているのかを考えてみたい。せっかく仲よしになってもなかなか続かないという経験を多くする人は、よく考えてみるべきテーマだ。ここでは、友情や恋愛関係をキープするための大切な4つの要素を紹介しよう。親友とうまくいっている人、恋人とうまくいっているという人は、これらの要素を意図的に、あるいは知らず知らずのうちにつきあいの中で生かしている。

　1つ目は **自己開示** self-disclosure。友人が悩んでいるようだ、でも、自分には相談してくれないし、なにも言ってくれない……。こんなとき、あなたはどう思うだろうか？　自分は信用されていないのかな、自分のことは頼りにならないと思っているのかな、と悲しい思いをするだろう。逆に、「あなたにだけ相談したいんだ。他の人には言わないでね。じつは……」と秘密を打ち明けられたりしたら、自分は信用されていて、その友人にとって特別な人間なんだと感じ、うれしくなるのじゃないだろうか。本音で話すとか、秘密を打ち明けるなどの行動を自己開示というのだけれど、親密な関係をキープするためには、この自己開示が重要だ。

　ただし、なんでもかんでも自己開示したり、されたりすればいいかといえばそうではない。まず、いつ自己開示がされるかというタイミングが重要だ。たとえば、あなたがある人物を信頼できそうだ、この人とはいい友人になれそうだ、と感じていたとしよう。でも、まだあまり親しくなっていない段階で、と

ても重たい秘密を打ち明けたりしたら、その人は引いてしまうだろう。ある程度お互いのことを理解し合い、これならもっと仲のよい友人や恋人になれそうだぞ、というタイミングで自己開示を行うことが大切なのだ。また、相手の限定も大切だ。あなたがある友人に「これはあなたを信頼しているから相談することなんだけど……」と言っていたのに、その人以外にも相談していたとしよう。もしそのことを友人が知ったら、「自分は（あなたにとって）特別な人間じゃなかったんだな」と感じてガッカリするだろうね。

　親しい関係をキープするための2つ目の要素は、お互いが頼り合うということ（**互恵性** reciprocity）だ。頼り合いのバランスが取れていることが重要で、逆に言えば、どちらか一方が頼り続け、もう一方が頼られ続ける関係は長くは続かない。こういう例を考えてほしい。自分はいつもきちんと授業に出席していてしっかりノートを取っているけれど、友人は全然授業に出ていない。それなのに、テストの前になると友人は自分のノートを貸せと言う。一方、自分はその友人からノートを借りたことは一度もない。こんなことばかりが2人の間で続いたら、もう友人づきあいをやめてしまおうと思ってもしかたがない。車をもっている自分が友人をいつも送り迎えしているが、相手は車をもっていないのでいつも自分が送るばっかりだ、デートのとき出かける場所はいつも彼女の行きたいところばかりで自分の希望は全然聞いてもらえない、いつも友人は自分の愚痴ばかり言うけど、こちらの話はろくに聞いてくれない……など、こんな一方的な関係だったら長く続くわけないよね。

　ただし、ノートを借りたら、まったく同じようにノートを貸さないとバランスが取れないというわけではない。同じものをお返しできればわかりやすいけれども、大切なのはつきあい全体の中でバランスが取れているかどうかということだ。だから、必ずしも同じものをお返しする必要はない。ノートを借りたら、お礼にごはんをおごるとかでもいい場合もあるだろう。デートの食事代を彼氏が払ってくれたから、お茶代は自分が払うとかね。大切なのは自分と相手の役割に応じてできることをする、つまり、片方の人が、いつも自分ばっかり損をしていると感じないようにすることなんだ。ただ、気をつけなければいけないのは、親しい関係になってしまうと、いろいろしてもらっている側の人間にとっては、それが当たり前になってしまって、なにも感じなくなってしまうことだ。

chapter1―「つきあう」の扉

あなたはどうだろう？ 友人や恋人がしてくれることを当たり前と思って、お返しをしていないどころか、感謝の気持ちすら伝えていないことはないかな。友人に車で送ってもらったり、彼氏にデートの食事代を払ってもらったりしたときには、その場でお返ししないまでも、最低でもお礼の言葉を口に出す必要があると思うよ。

## 6 変化に気づいて口に出す

　続いて3つ目は**感受性** sensitivity。これは、相手の変化に気づいて、反応することだ。女の子には、せっかく髪型を変えたのに彼氏が気づいてくれなくてガッカリしたという経験をもっている人は多いのじゃないかな。これは、典型的な相手の変化に気づくことの大切さを示した例だね。恋人と交際しはじめたときには、相手のことに興味がすごくあって、いろんなことを知りたいと思うし、ちょっとでも相手が変われば、よく見ているからすぐに気づくよね。この例からもわかるように、変化に気づく、反応してあげるというのは、相手のことに関心をもっている、相手のことが好き、というサインになるんだよ。だから、逆になにも反応がないと、「私のことなんてどうでもいいのかしら」とか「私のことを好きじゃないのかな」と受け取られてしまうってことだね。

　難しいのは、相手がここに気づいてほしいというところに気づくかどうかという点だ。女の子にとって髪型はとても大切なことなので、女の子の側からすれば、「こんなに変わったのだから、絶対に気づいてくれるだろう」と思っているかもしれない。でも、彼にとって髪型がそれほど重要でないのなら、どうしても気づきにくくなる。反対に、音楽が大好きな彼氏が、新しいお気に入りの曲をデートのときに車の中で流していたとしよう。でもこのことに気づいてくれる女の子はそんなに多くはないだろうね。彼の中

psychology

では、髪型を変えたときに彼に気づいてもらえなかった女の子と同じくらいの
ガッカリ感が渦巻くだろう。

　このように相手の変化に気づいてうまく反応することは、けっこう難しい。
とくにつきあいがある程度長くなると、相手のことはよくわかった気になって
いて、変化に気づきにくくなってしまう。だけど、人間はずっと一緒というこ
とはないのだから、その点を気に留めておくことが大切だ。

　4つ目は、"代わりの相手がいるかいないか"という**代替関係** alternative
relationships と、"今までどのくらいがんばってきたか"という**投資** in-
vestment だ。これらも関係をキープする力になる。代わりの相手がいるかい
ないかについては、ミもフタもない話だけれども、もし今の恋人に不満がなく
ても、もっとステキな人に告白されたら、そちらに移ってしまうこともあるだ
ろうというのがその例だ。逆に今の恋人に不満があっても、ほかに恋人候補が
いないので、とりあえずは交際しているということも多い。2人の関係は、お
互いの関係だけで決まるのじゃなくって、周囲の人たちも関係しているってい
うことだね。崩壊しやすい遠距離恋愛が維持される重要な要素の1つは、相
手や自分の周囲に、代わりになる相手がいないってことだ。これだったら、気
が移るってことはない。あまり思い出したくないけど、私の遠距離恋愛の場合
も、たまたまこちらに気が移る相手がいなかったから、フラれた形になったの
かも……。

　"今までどのくらいがんばってきたか"については、こんな例がわかりやす
いだろう。もし、恋人、あるいは迷惑ばかりかけられる友人と別れようと考え
たときに、つきあって3カ月の場合と4年目の場合では、どちらが別れる決
心がつきやすいだろうか？　おそらく長い間つきあってきた人はなかなか別れ
る決心がつかないと思う。別れてしまったら、今までつきあってきた時間がム
ダになってしまうような気になるからだ。時間だけじゃなく、つきあいを続け
るためにしてきた努力についても同じことがいえる。ケンカばかりしながら
も、迷惑ばかりかけられながらも、それを乗り越えてなんとかつきあい続けて
いるカップルや友人どうしは、別れてしまうと今までの苦労がムダになってし
まう。だから、いざ別れようとしても、なかなか別れられなかったりする。そ
う考えると、よい人とつきあってきた場合よりも、ダメな人とつきあってきた

chapter 1―「つきあう」の扉

場合の方が別れにくくなるという皮肉なことがおこる。苦労をかけられっぱなしの恋人や友人と別れようかな、と思っているのにもうひとつ思い切れないのは、「せっかく今までがんばってきたのだから」という気持ちが邪魔をしているからなんだ。

## ロクデナシの恋人と別れられないしくみ

　私たちは、自分の考えや感じかたはしっかりしているものだと思いがちだけれども、実際は、都合よく自分の考えや感じかたを変えてしまいがちだ。浮気をしたり、暴力を振るったりするようなロクデナシの彼氏と別れずに交際し続けているような女の子がいると、どうしてこの子は別れないのかなあ、自分だったらすぐに別れているのに……などと不思議に思う。この女の子のケースこそ、人が自分に都合がいいように自分の考えや感じかたを変えてしまっている例だ。

　フェスティンガー（L. Festinger）は、自分に都合がいいように自分の考えかたや感じかたを変えてしまうしくみを、**認知的不協和理論** cognitive dissonance theory とよんだ（Festinger, 1957）。カタい名前だけど、心理学の世界では最もよく知られた理論の1つだ。そもそも、私たちは、いつも自分の考えや感じかたと自分の行動が一致しているとはかぎらない。いじめはいけない、という考えをもちながら、実際にはいじめをしてしまっていた……なんてことのように、考えと行動が一致していないことはいくらでもある。こうした不一致は自分にとってとても不愉快な状態なので、これを不愉快じゃないように変えようとする。考えに合うように行動を変えることが多いように思えるけれども、逆のパターンもある。つまり、自分のしてしまっている行動の方に、都合よく、自分でも気づかないうちに、自分の考えや感じかたを合わせてしまうということがよくおこるのだ。「俺があいつをいじめているのは、あいつが悪いヤツだからだ、だから懲らしめているんだ」という具合に。

　ロクデナシの彼氏と別れられない女の子の中でも、そのようなことがおこっている場合がある。浮気したり、暴力を振るったりするロクデナシの彼氏はイヤだという自分の考えや感じかたと、ロクデナシの彼氏と交際しているという

自分の行動は不一致だから、女の子にとって不愉快だ。このときに、ロクデナシの彼氏と別れる、というように自分の行動を変えることができたら、自分の考えや感じかたと行動が一致して、不愉快でなくなる。でも、別れようっていうとなにをされるかわからないとか、別れようとすると泣いて頼まれるとかで、彼氏と別れることができないとすると、考えや感じかたの方を変えてしまうのだ。ロクデナシの彼氏と交際しているという自分の行動に一致するように、「それでも私は彼のことが大好きなの」「彼にも優しいところがいっぱいあるわ」のように、自分の考えや感じかたを変えることによって、不一致による不愉快から目をそむけようとするんだ。理由をつけてなんとか自分を納得させようとするといってもいい。

　だから、周囲の人が、ダメな恋人と交際している人に別れるように忠告しても、それを受け入れるどころか、かえって恋愛感情を高めてしまい、「絶対に別れない！」という気持ちにさせてしまうこともおこり得る。まわりから反対されているのに私はこの人とつきあっている、これは不愉快だ……。この不愉快さを解消するために、「私はこの人をものすごく愛している！」と考えの方を変えるんだ。これには**ロミオとジュリエット効果 Romeo and Juliet effect** というロマンティックな名前がついているように、反対されるほど、恋愛感情が高まることを示している。だから、親が子どもの結婚に賛成できないとき、強く反対してしまうと、逆効果になることもあるのだ。

## 🚩8　気づかないうちに他人に厳しく自分に甘くなっているかも

　そもそも、人づきあいは2者間あるいはそれ以上の複数の人間の間で成り立っている。早い話が、自分だけでなく、必ず相手がいるわけだ。でも、友人とケンカしてしまったとか、バイト先の店長に叱られたとか人間関係でトラブ

ルがおこったときに、私たちは「友人がワガママだからケンカになったんだ。悪いのはあいつだ」「店長は頭がカタいからいけないんだ。むかつくわ！」というように、相手の性格が悪いとかトラブルは相手のせいであると思うことが少なくない。人づきあいは自分と相手とで成り立っているものなので、一方的に相手が悪いとはかぎらないのだけれども、自分のことはあまり悪く考えないものだ。こういう自分をひいきして人のせいにするという傾向はつきあいかたに大きく影響してくる。

　友人とうまくいっている・ケンカをしている、テストに合格した・合格しなかった、バイト先で店長にほめられた・怒られた、なんでもいいのだけれども、なぜそのような結果になってしまったのかについて、私たちは原因を自分なりに考える。そのとき、成功したときと失敗したときでは違った考えかたをしてしまうくせがある。たとえば、自分の好きな人への告白がうまくいったとしよう。この場合、その成功の原因は自分にあると考えやすい。自分が魅力的だからだとか、自分は相手に気に入ってもらうために努力したからだとかね。じゃあ、告白がうまくいかなかった場合に、その原因を成功したときと同じように自分のせいと考えるだろうか？　たぶんそうは考えない。失敗したときはその原因が自分以外にあると考えてしまう。今相手には好きな人がいるから、自分は選ばれなかったんだ、相手に見る目がないんだ、などなど。簡単にいうと、"人は自分に甘く"考えるということだ。これを**セルフ・サーヴィング・バイアス** self-serving bias とよぶ。

　どうして、こんなことがおきるかについては、2つの理由が考えられている。1つは、あまり自分に厳しく考えてしまうと、やる気がなくなってしまうからこれを避けるため、というもの。告白が失敗した理由を、自分に魅力がないせいだと思ってしまったら、今後は告白することにためらいが生じやすくなるだろう。でも、「今回は相手に見る目がなかっただけだよ」と思ったら、また告白する気になれる。そもそも、告白してみなければチャンスは生まれないから、告白しようという意欲はキープしておくことが必要だ。つまるところ、自分に甘い方がやる気が維持できるし、うまくいく可能性も高まるということなんだよ。2つ目は、心の健康を守るためだ。失敗したときには「自分が悪いんだ」、成功しても「自分ががんばったからじゃない」なんて考えていたら、どんどん

psychology

気持ちが落ち込んでしまう。そうすると、ひどい場合にはうつ病などになることがある。ちょっとくらい自分に甘い方が自信をもちやすいから、精神衛生にも好ましい。このように、私たちが快適に暮らしていくために、ある程度人は自分に甘く考えるようになっているんだ。

　ただ、この傾向はいい結果ばかりを生むわけじゃなくて、人づきあいに悪い影響を与えることもある。自分に甘いからといって、他人が自分を甘く見てくれるとはかぎらないからだ。自分がなにかの失敗をしたときに、自分のせいじゃないと思ったとしても、まわりの人は「あなたが努力しなかったせいでしょ」と考えるかもしれない。そうすると、つらいことがあって、誰かまわりの人に助けてもらいたいと思っても、なかなか助けてもらえないことになる。そのため、悲しい思いをしたり、どうして助けてくれないのかと腹が立ったりすることになる。

　誰でも自分を冷静に見ることは難しいということだね。だから余計にトラブルを長引かせてしまう場合が多くなる。トラブルがおこったときに相手が悪いと思うだけじゃなくて自分のことを反省してみると、自分にも原因があることに気づくかもしれない。そうしたら少しずつトラブルも収まっていくだろう。

## 人からOKをもらう方法——説得のテクニック

　人づきあいをしていくときには、お願いしたことを受け入れてもらう必要があるよね。親になにかを買ってもらえるようお願いしたり、出かける気分になっていない友人を遊びに誘ったりとか。恋愛における告白も、お願いの1つといってもいいだろう。心理学では、どのようなお願いのしかたが効果をもつかについて多くの研究が行われてきた。ここではチャルディーニ（R. B. Cialdini）が分類したお願いのしかたについて紹介しよう（Cialdini, 2001）。これらのテクニックはサギなどの悪い説得にも使われることがあるので、自分を守る意味でも知っておいて損はない。

　まず1つ目は、**返報性** reciprocation とよばれている方法だ。私たちは集団生活をキープしていくために、他者からなにかを与えられたら、自分も同様に与えるように努めなければならないという"返報性のルール"を守るように

動機づけられているんだ。そのため、自分に必要のないものを与えられた場合でも、なにかをお返ししなければならないという気持ちになる。この気持ちを利用して、返報性のルールは相手の OK を引き出すために数多く利用されているんだ。つまり、最初になにかを与えておいて、相手からお返しを求めるというやりかたを使うのだ。試供品の配布なんてのも、この返報性の効果を期待して実施されているといっていい。"無料より高いものはない"ということわざがあるくらいだから気をつけないといけない。

　2つ目は**社会的証明 social proof** を利用する方法だ。私たちには、他の人の行動を見て、自分の行動が正しいかどうかを判断する傾向がある。そのために、多くの人が行っている行動は、社会的に正しさが証明されている行動と認識されやすいので、それに従った行動をとりやすいんだ。たとえば、行列のできているラーメン屋さんを見ると、まったくそのラーメン屋さんのことを知らなくても、おいしいラーメン屋さんなんだろうなと思ってしまうことがあるだろう。こういう特徴を利用したお願いの方法もよく使用されている。映画のコマーシャルで、たった今、映画を見てきたと思われるお客さんが「とっても感動しました！」とか「さいこー！」とか言っているものがあるが、このようなコマーシャルも、みんながおもしろいといっているのだからおもしろいんだろうなあ、という気持ちを引きおこす効果を狙っているのだろう。

　3つ目が好意を利用する方法だ。私たちには、自分が好意を感じている人からのお願いを聞いてしまう傾向がある。それを利用したのが、人気の芸能人やスポーツ選手を起用したテレビ CM だ。自分の好きなアイドルやスポーツ選手がテレビ CM で商品を勧めていたら思わず買っちゃうこともあるだろう。

　4つ目が希少性を利用する方法だ。私たちには、"手に入りにくいものは価値のあるものだ"という思い込みがある。ダイヤモンドは高い宝石だけれども、キレイだから高いのではなく、数が少ないために高い。手に入らないと思うと、自分が手に入れないと他の人が手に入れてしまって、もう自分のものにならないかもしれない、と考えてしまう。だから、期間限定や初回限定の商品は欲しくなってしまうんだね。アイスクリームを買いにコンビニに行ったとき、いつも売っているアイスクリームと期間限定販売のアイスクリームがあった……。あなたはどちらを買うだろうか？　また、CD などによくある初回限定盤とい

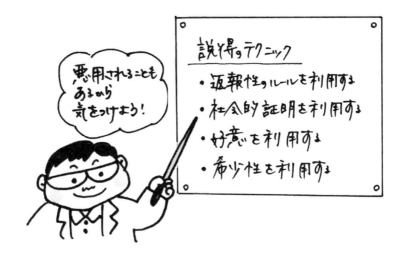

うようなものも同様だ。私も好きなミュージシャンの初回限定盤の CD となるとちょっと高くても買ってしまうので、レコード会社の思うツボにはまっている。

 **よい自己イメージが人づきあいの幅を広げる**

　最後に、私たちの自分自身にたいするイメージ（**自己イメージ** self-image）、つまり、自分が自分をどのように見ているかによっても人づきあいのしかたは変わってくることについて考えてみたい。

　ちょっと遠回りになるけど、そもそも自己イメージというのはどのように作られるものかを押さえておこう。自分は頭がいい、自分は気が利く、自分は運動が苦手だ、などの自己イメージはどこからくるのか。重要なポイントは、私たちは自分だけを見ても、自分がどんな人間であるかはわからないということだ。自分より勉強ができない人を見て、自分は頭がいいと感じるのだし、自分よりも速く走れる人を見て、自分は運動が苦手だと感じるように、どの人と自分を比べるかによって、自己イメージは変わってきてしまう。まわりが自分よりすごく頭のいい人ばかりだと、自分は頭が悪いという自己イメージをもつだろうし、逆にまわりが自分よりも頭の悪い人ばかりなら、自分は頭がいいという自己イメージをもつだろう。自己イメージは、自分と他者との比較によって決まるのだ。ついでにいうと、この特徴を生かして、人は自分の気持ちを調整

chapter 1 ―「つきあう」の扉

21

することもある。もし、自分がとても落ち込んでいて、自分をなぐさめたいと思ったら、自分よりもレベルの低い人を選んで、自分と比べればいい。胃ガンで胃を取ってしまった人たちは、ガンが全身に転移してしまって手遅れになってしまった人と比較すれば、「自分はまだマシな方だ」となぐさめられるだろう。逆に、がんばろうという気持ちになるためには、自分よりもレベルの高い人と自分を比べればいい。野球少年がプロ野球選手を見て、「自分もああなりたい。僕はまだまだだ」と感じれば、やる気に燃える。このように、私たちは知らず知らずのうちに、他人と自分を比較して、自分の気持ちをなぐさめたり、奮い立たせたりしているんだ。

さて、人づきあいをする上でどのような自己イメージをもつといいのだろうか。まったく勉強ができないのに自分は勉強ができると思うとか、実際の自分とむやみにかけ離れているのは危険だけれども、ある程度、自分にたいしてはよい自己イメージをもつことが望ましい。なぜかというと、私たちは自己イメージに沿うように行動してしまう傾向があるからだ。この傾向を心理学では、**予言の自己成就** self-fulfilling prophecy とよんでいる。予言というとミステリアスな感じがするかもしれないけれども、占いなどとは関係がないので念のため。

こういう例を想像してほしい。同じくらいの魅力をもつ 2 人の女の子がいるとしよう。片方の女の子は、自分はモテると思っていて、もう一方は、自分はモテないと思っている。自分はモテると思っている女の子は、男の子に自分から話しかけるとか合コンに顔を出すとか、男の子と積極的に接することができる。だから、メールアドレスを交換したり、一緒に遊びに行かないかと誘われたり、さらには告白されたりするチャンスも増えるだろう。その結果、自分はモテるという自己イメージが強められ、より男の子に積極的になれる。一方、自分はモテないと思っている女の子は、モテないと思っているのだから男の子にたいしては消極的だ。だから、男の子が近づいてくるチャンスは少ない。その結果、前よりいっそう自分はモテないという自己イメージが強化され、一段と自信を失うという悪循環に陥る。このように同じくらいの魅力の女の子でも、自分がモテるという自己イメージをもつかモテないという自己イメージをもつかで、人づきあいのありようが変わってきてしまうのだ。よい自己イメージを

もつこと。これは人づきあいにとって有効なのだということを覚えておこう。
　とはいえ、よい自己イメージをもつことは、そう簡単ではない。では、どうしたらいいのか？　1つの方法は、とにかく少しずつでも成功体験を積み重ねることだ。もしあなたが、自分は人見知りでなかなか初対面の人とはうまく話せないという自己イメージをもっていたとしても、思い切って話しかけてみて、うまくいったという経験を増やしていく。「自分は人見知りじゃないし、初対

面の人ともうまく話すことができるんだ！」という自己イメージが徐々に生まれてくるだろう。

　上の方法は自ら努力することによって自己イメージを変える正々堂々としたやりかただ。だが、それだけにちょっとしんどい。

　もう少し楽に自己イメージをよくする方法は、他の人からほめてもらうことだ。私たちの自己イメージは、他の人からの評価に大きく影響される。もし、まわりの人から「あなたって頭いいね」とか「かしこいねえ」って言われていたら、自分でも、私って頭がいいのだなあ、と思いやすいだろう。だから、周囲の人にいい評価をもらって、ほめてもらうことは自己イメージを高める効果をもつ。でも、今まで人にほめてもらったことがないのに、急にほめてもらえるようになるわけはない。そこで、まず、自分から人をほめることからはじめてみる。私たちには前に述べたように返報性といって、なにかをもらうと、そのお返しをしたくなる性質がある。もし友人に誕生日のプレゼントをもらったら、その友人の誕生日にはお返しをしなくちゃという気持ちになるだろう。それと同じように、悪口を言われたら悪口を言い返したくなるし、ほめられたら、こっちもほめたくなるんだよ。だから、自分はほめられたことがないと感じている人は、自分も他の人をほめてあげることが少ないのではないかということを考えてみるといい。自分が他の人をほめれば、他の人も自分をほめてくれる可能性が高まる。そして、ほめられることで自己イメージがよくなり、自己イメージがよくなると予言の自己成就によって、人づきあいもうまくいきはじめる。だから、人の悪口を言うよりも、いいところを見つけてほめてあげることをふだんから心がけよう。それは結果的に自分自身の人づきあいにプラスになるのだから。


## おわりに──トラブルを覚悟して、勉強と実践を！

　つきあうことにかんするしくみを説明してきたけれども、この章を読んだだけで、人づきあいが見違えるほどよくなると考えてもらってはちょっと困るし、あなたも「そんなに単純なものじゃないでしょ？」と思っているに違いない。そこで、3つのことをお伝えしたい。

psychology

1つ目は、ここで取り上げた問題に興味をもってくれたなら、人づきあいについてたくさん研究されている社会心理学という分野を勉強してほしい。必ず自分の見かたを変えてくれるような知識に出会うはずだ。

　2つ目は、なんといっても人づきあいの実践。つきあうという行動はやはり実践してみなければ上達しない。本で勉強するだけでなく、人に興味をもって実際に交流することが不可欠だ。社会心理学のお勉強だけで人づきあいがうまくいくなんてことは、絶対にないからね。

　最後に強調したいのは、人づきあいにはトラブルがつきものだということだ。むしろトラブルはあって当たり前、ないほうがおかしいと思ってほしい。ちょっとしたいざこざから国家間の戦争まで、人間のつきあいの中でトラブルが途絶えることなどない。これは人づきあいに悲観的になれっていっているのじゃないよ。人づきあいにはトラブルが避けられないから、トラブルがおこることを恐れるな、おこってもあまり気に病むなということをいいたいんだ。

　トラブルに出会ったらそれをきっかけに社会心理学の勉強をしてみる。そして自分なりの解決策を考えてみる。きっとあなたに役立つ答えが見つかる。恐れずにどんどんいろいろな人とつきあってみよう。

## お薦めの本　≫≫≫⟶

⦿ R・B・チャルディーニ『影響力の武器　なぜ、人は動かされるのか［第三版］』
　　誠信書房（2014）

　9節「人からOKをもらう方法」でも紹介したチャルディーニの本です。日常生活のあらゆる場面で、いかに私たちは他者から知らない間に影響を受けているのか、お願いを受け入れてしまっているのかが丁寧に説明されています。

⦿ 奥田秀宇『人をひきつける心 対人魅力の社会心理学（セレクション社会心
　　理学17）』サイエンス社（1997）

　対人魅力についてわかりやすくまとめてある本です。対人認知にかんする心理学の知識を手に入れるだけではなく、どのようにすれば好意をもたれるのか、どのようにしたら嫌われてしまったり低い評価となってしまうのか、というハウツー本としても読むことができます。

chapter1—「つきあう」の扉

## 対人認知の気分一致効果と感情情報機能説

　本文で述べたように、私たちはいろいろなものに影響を受けながら対人認知をしているのだが、そのときの気分・感情も、対人認知に影響を与える。

　気分・感情は大きく2つに分類できる。楽しさや幸福感のようなポジティブなものと、怒りや悲しみのようなネガティブなものだ。対人認知の際、そのときの気分・感情がポジティブかネガティブかによって、そのありかたも変わることがある。気分・感情がポジティブであれば、目の前の相手をポジティブに、気分・感情がネガティブであればネガティブに判断しやすいのだ。これを対人認知の気分一致効果とよぶ。

　たとえば、あなたが朝学校へ出かけるとき、お母さんから「今日はあなたの誕生日だから、夕食はごちそうよ。楽しみにしていてね」と言われ、いい気分になって学校へ行き、友人や先生と会ったとしよう。この場合、目の前にいる人のことを（実際以上に）やさしくいい人だな、なんて思いやすい。逆に、お母さんとなにか言い争いをして腹が立っている気分のまま学校へ行ったとしよう。友人や先生と腹立ちにはなにも関係ないのだが、この場合は彼らのことをなんだかムカつくヤツだ、なんて思ってしまうかもしれない。

　ただし、ネガティブな気分のときは、ポジティブな気分のときより気分一致効果が生じにくい。私たちは、自分がポジティブな気分であるとき、それを自分を取り巻く環境や目の前の相手が安全であるというシグナルとして受けとめる。逆にネガティブな気分であるときには、なにかの危険があるというシグナルとして受けとめる（気分・感情は安全か危険かのシグナルとして活用されている、という考えかたを感情情報機能説という）。

　ポジティブな気分のときは危険を感じていないので、目の前にいる人物にたいしてあまり深く考える必要はない。だから、ポジティブな気分はダイレクトに対人認知に影響しやすい。一方、ネガティブな気分のときは、なにか危険がありそうだと感じているから、目の前の人物についても慎重に考えようとする。じっくりとその人物のことを考えるので、気分の影響があらわれにくくなるのだ。

# Chapter 2
# 「恋する」の扉

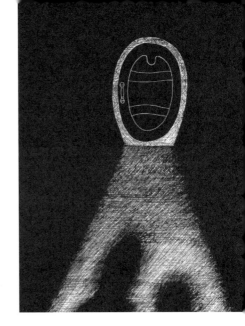

## 🗝 はじめに
### ——そう、恋愛は特別なのだ！

　あなたやあなたの友人たちは、恋愛にどのくらい興味をもっているだろうか。中にはあまり興味がないという人もいるだろうが、多くの若者が恋愛に高い関心をもっていることは、あなたも実感していることと思う。あなたが大学生なら、仲間どうしでお酒を飲みに行ってうちとけた話をするとき、恋愛話で盛り上がることは珍しくないだろう。好みのタイプ、失恋経験、現在つきあっている人のこと、将来どんな人と結婚したいかなど、みんな熱心に話すし、友人の話を興味深く聞く。最近の出来事や音楽や映画の話ではなかなか盛り上がれないときでも、恋愛話ならたいていは盛り上がる。恋愛経験が多いか少ないかは人によってかなり違っているが、誰でも自分なりの意見をもっている。これは、たとえば、友人としてどんな人が好きかを話題にしたときの盛り上がりかたとはかなり違う。どちらもとても大切な人間関係であるはずなのに……。そう、恋愛は特別なのだ！　恋愛はとても個人的なことでありながら誰にも切実な問題で、他の人のこともすごく気になっているのだ。

　大昔から人間は"恋する"という行動をしてきた。その証拠に、神話、昔話、詩歌、小説、すべての文芸ジャンルにわたって恋愛は最も重要なテーマだった。ポピュラーミュージックだって、ほとんどが恋愛のことを歌っているよね。ところが、恋愛が近代的な心理学の中で大きく取り上げられるようになったのは、意外にもかなり最近になってからのことだ。旧来の心理学は、人間の知覚のし

くみだとか、生き物が行動パターンを獲得する原理といった、行動の成り立ちの根本的な要素と考えられる問題を主に扱っていた。心理学者たちは、恋愛のようなあまりに個人的な問題は、科学の冷たい手法で扱うのはやめておこうと思っていたのかもしれないし、文学やその他の芸術に任せておけば十分だと考えていたのかもしれない。でも、これほど多くの人が興味をもっている大事なことなのだから、きちんと研究しようと考える心理学者たちによって、ここ数十年で恋愛にかんする科学的な研究は急速に進んできた。

とはいっても、研究にそれほど歴史があるわけではないから、いろいろな学説には不確かな部分があるし、わかっていないこともたくさんある。だから、まだ恋愛の心理学は発展途上の分野だということを頭に置いて、この章を読んでもらいたい。

なお、恋愛を生物学的な視点から考える場合、異性愛による繁殖を前提とした説明がよく出てくる。しかし、恋する相手が異性とはかぎらないし、現在では異性愛以外のさまざまな性のありかたが広く知られるようになっている。LGBT（女性同性愛者 Lesbian、男性同性愛者 Gay、両性愛者 Bisexual、トランスジェンダー Transgender）といわれるような性的マイノリティに属する人々のことだ。たとえばアメリカのデータによると、同性愛だと自覚する人は、男性で1.8％、女性で1.5％程度いるという結果が出ている（Ward et al., 2014）。繁殖が関連する生物学的な説明以外の部分では、異性愛もそれ以外のものも同じように当てはまる内容と考えて読んでほしい。

恋愛——その生物学的な根拠

　そもそも、恋という感情はなんのためにあるんだろうか。その人と一緒にいるとうれしい、その人と深くつながっていたい、守ってやりたいなど、心の深いところから湧いてくるように思える心理状態はどうして人間に備わっているのだろう。

　もちろんこの疑問にはいろいろな答えかたがあるに違いない。たとえば、人間はもともと不完全なものだから、自分の足りないものを補ってより完成した状態になるために愛する誰かを必要とするんだという答えかたもあるかもしれない。また、恋愛のイメージはほとんどがテレビや小説などのメディアから流れてくるものだから、メディアやそれを作っている社会や経済のしくみが恋愛を作り出しているんだという考えかたも成り立つかもしれない。

　しかし、中でもとりわけ有力な答えの1つは、恋愛感情は人間が種として生き残るために必要だったから、というものだろう。とくに、恋愛には多かれ少なかれ性的な気持ちが含まれるわけだから、最終的には人間が次世代を作っていくこと、よりよく繁殖していくことが恋愛感情をもつようになった元々の原因だと考えるのが自然だろう。もちろん、ただ誰かを愛しているということで満足する恋もあるし、精神的な深いつながりだけで満たされるプラトニック・ラブもある。しかし、こういった愛はまれで、不安定なことが多いし、多くの恋愛関係のゴールとして結婚と幸福な家庭を作ることがイメージされていることから、恋愛の長期的な目的の一部は生殖にあると考えてもそれほど的はずれではないだろう。ここではひとまず、そういう前提で恋愛を眺めてみよう。

　はっきり意識されることは少ないかもしれないけど、じつは、女と男は繁殖上の生物学的な条件がまったく違う。この条件にかんしては、お互いの利害が相容れず、女と男の間にはとても深い溝があるといっていい。それは以下のような事情による。

　男性はそもそも、女性に比べて理屈上自分の遺伝子を広めることがかなり簡単にできる。そう、性的な関係をもつ相手がたくさんいて、セックスがどんどんできれば、極端な話、何百人でも子どもが作れる。しかも、年老いて子ども

を作れなくなるのはかなり高齢になってからなので、人生を通じて長期間子どもを作ることができる態勢にある。実際、17 〜 18 世紀に生きたモロッコのイスマイールという王様は、なんと 888 人！の子を作った（産ませた）といわれている。

　一方、女性は約 1 カ月に一度だけしか排卵しないし、妊娠すれば約 280 日間も子どもがお腹にいるから、おおよそ 1 年に一度だけしか妊娠できない。それも長くて 50 歳くらいまで、閉経期までのかぎられた期間だ。だから、女性はもてる子どもの人数が、男性に比べればぐっと限定されていることになる。ちなみに、1 人の女性が産んだ子どもの数の世界最高記録は 69 人だ。女性にある制約から考えればこちらの方が驚きの数だが、それでもイスマイール王の888 人に比べれば 1 ケタ少ない。

　こういう事情から、男性には、パートナーに選ぶ女性について慎重になるより、できるだけたくさんの女性とセックスした方が繁殖上の効率がいいという状況が生まれてしまう。そうなると男性には、女性と比べて性的に興奮しやすく、短期的な性関係を結びやすいという傾向が出てくると考えられる。なぜなら、そういう傾向をもった方がわずかでも繁殖が有利であり、かつ、その傾向が子どもに引き継がれるなら、長い年月の間にはほとんどの男性がその傾向をもつようになってしまうからだ。これはダーウィンの考えた進化のしくみ、いわゆる進化論だね。そんなわけで、その場かぎりの恋、遊びの恋は男性に多いだろうと予想され、これは多くの研究結果と一致している。

　一方、女性は、そもそも子どもを作れる機会が生物学的にかぎられる。すると、子どもを作る 1 回 1 回のチャンスがとても大事になるから、できるだけ子どもがきちんと育つような条件の下で、しかも遺伝的にすぐれた子どもを産む必要が出てくるわけだ。そうなると結果的にパートナー選びを慎重に行うようになる。これも前に述べた理屈と同じで、少しでも繁殖に有利な傾向は長い年月の間にみんなに広まるからだ。

　どんな相手とどういう時期につきあったらいいのか、女性はパートナーの選択にかんしていっそう注意深くならざるを得ない。とくにヒトの場合は、他の種に比べて、妊娠・出産という大事業と乳幼児を育てることに、ものすごくたくさんの体力と労力と時間を注がなくてはいけない。だから 1 回 1 回の

psychology

妊娠が大事なものになる。昔は母親が出産時にかなりの確率で死亡していたし、現在でも、発展途上国の妊産婦死亡率は 76 人に 1 人の割合にもなっている（ユニセフ報告書、2008）。女性にとっ

て男性とのセックスは、命がけのことなのだ。

　それほどのリスクを冒すのだから、女性にとっては、生まれた子どもがきちんと育つような条件を整えることがとても重要になる。その条件の中には、自分のパートナーが自分との関係を続けてくれ、自分と子どもにずっと援助してくれることが入っているに違いない。子どもが生まれてしばらくは、現代だって母親は子どもの世話で手一杯になってしまうのだから、産婦人科病院も人工ミルクも託児所もない時代はどんなにたいへんだったことか想像してみよう。当然、母親は子どもにかかりきりにならざるを得ない。となると、食料などは誰かから分けてもらわなければならない。無防備な母子を外敵から守ってもらうことも必要だ。誰かからある程度の援助がなければ、子どもをちゃんと育て上げることは現在以上にたいへん難しかっただろう。だから、パートナーである男性が自分と自分の子どもへの援助を打ち切ってしまうのは、女性の繁殖にとってたいへん困ったことだったのだ。

 女の事情 vs 男の事情

　このような男女の違いを前提として、バス（D. Buss）という学者は、パートナーに求めるもの（**配偶者選好** mate preference）に、男女で違いが出てくると考えた。男性の繁殖にとって大事なのは相手の女性がちゃんと妊娠し、元気な子どもを産んでくれることなのだから、若くて健康に見える女性が魅力

chapter 2 ─「恋する」の扉

的に感じられるだろう。これにたいして女性は、しっかり自分と子どものめんどうをみることができそうな男性が魅力的になるに違いない。そこで男性は、相手の女性が健康であることをあらわす外見、つまり顔やスタイルの美しさと、子どもを産める年齢であることをあらわす若さとに価値をおくようになるだろう。簡単にいうと、男性はきれいで若い女性が好きというわけだ。一方、女性は、その時点でどの程度子育てを援助できるかをあらわす男性の経済力と、援助する力が将来高くなることを予想させる特徴、つまり向上心ややる気をもった男性を求めるだろうと予想できる。女性は金持ちとなんでもバリバリやるタイプの男性が好きだということになる。実際、世界のさまざまな地域で質問紙調査をした結果、これらの傾向が世界的にかなりはっきりと見られることがわかっている。

　また、**性的嫉妬** sexual jealousy の男女差の研究も有名だ。女と男が生物学的に大きく異なる点の 1 つは、生まれた子どもがほんとうに自分の子どもなのかがはっきりしているかどうかだ。あるカップルがいて、"その間に"子どもが生まれたとする。子どもは女性から生まれるわけだから、その子が女性にとって実の子であることは間違いない。しかし、男性には絶対に自分の子どもであるという確証はもちようがない。ひょっとしたら自分のパートナーが浮気して、別の男性の子どもを産んだということが絶対にないとはいい切れないからだ。もちろん現在は遺伝的に親子関係を確定できる知識や技術があるけど、人類はじまってこの方、ほんのちょっと前まではそんな確認などできなかった。このことが、嫉妬という感情に大きく影響してくるとバスは考えた。

　もし、自分の子どもでない子どもを自分の子どもだと思って一生懸命育てたらどうだろう。そこに使われた労力は、遺伝的にはまったくムダになってしまう。誤解のないようにいっておくけど、これはあくまで遺伝的な観点でムダといっているのであって、養子を育てたり、身寄りのない子どもを手厚く保護したり、他の家の子どもに愛情を注いだりすることが人のありかたとしてムダだといっているのではないよ。ただ、パートナーの浮気はまったく OK、なんていう寛容な心をもつ男性は自分の子どもでない子を育ててしまう可能性が高くなってしまうから、そういう心理を受け継ぐ子孫は繁殖にとって不利であり、その結果、何千年何万年という時間で考えると、そういう心理をもった者は排

除されてしまうと考えられるんだ。逆に、「パートナーが自分以外の子どもを作るなんて絶対ダメ、なんとしても阻止しよう」という心理をもっている男性が相対的に有利になる。だから、男性はとくにパートナーの肉体的な不倫を許さないような傾向が強くなると予想できるのだ。

　ところが女性は、自分の産んだ子どもは絶対に自分の遺伝子を受け継いだ子どもだから、たとえ自分のパートナーが外で浮気をしたとしても、自分と子どもに影響がなければ遺伝的な意味ではそれほどダメージはない（これも、あくまで遺伝的な意味でのダメージが少ないということだ。男性の浮気はたいした問題ではないといっているんじゃないからね！）。そこで女性は、男性と比較するとパートナーの肉体的な浮気よりも精神的な浮気の方に嫉妬をかき立てられるようになるだろうという予測ができる。

　嫉妬感情の性差を検証するために、バスらは、さまざまな国の大学生に質問紙調査を実施し、恋人の肉体的な浮気と精神的な浮気のどちらがよりつらいかを評定してもらった。その結果、男性は恋人の肉体的な浮気の方が、女性は恋人の精神的な浮気の方が、いっそうつらいと答えた。つまりここでも男女の生物学的な事情から予想した心理の違いがデータによって確かめられたというわけだ。

　もちろん、今説明した結果はたくさんの人を調べて平均を取るとだいたい予測と一致する傾向が見られるということにすぎないので、すべての人がこういった傾向をもっているとはかぎらない。また、それぞれの人が置かれたさまざまな条件によって、実際の異性の好みや嫉妬心は違うに決まっている。そもそも、こういった心理的な性質が進化してきたのはいわゆる原始時代の生活を送っていた頃だと考えられるわけだが、さまざまな技術が発達し社会が複雑になった現代にはむしろそぐわないことも多い。今説明したようなことが絶対であるとか、それぞれの心理はいつでも認められるべきだなんて考えないでほしい。

 **恋愛の激しさを３つの要素から測る**

　一途な恋も、心理学的に冷静に考えてみるとその中身はいくつかの要素に分解可能だ。現代の心理学では、いろんな心理現象を認知・行動・感情（情動と

もいう）などの要素に分解して考えることが多い。ここでもこの３つに分解して考えてみよう。

　誰でも気がつく第１の要素は、カーッと熱くなるような気持ちの部分、つまり感情だ。相手に性的に惹かれる、相手が自分に関心があると思っただけでうれしくなる、逆に自分のことを気にかけてくれないと落ち込む。生涯ずっと固い絆で結ばれたいとか、相手のことを思うとドキドキするとか、ちょっと微笑まれただけですごくウキウキするとか、興奮するなどが該当する。

　つぎは、頭の中で考えることの特徴だ。心理学では、物事を知るとか考えるといった頭のはたらきを“認知”というから、これを認知的な要素とよんでおこう。恋したときの認知的な変化は、相手のことで頭がいっぱいになって、いつもその人のことを考える、相手をすごく理想化して考えてしまう、相手にたいする注意力がものすごく高まる、といったことになるね。スタンダール（Stendhal）の『恋愛論』という有名なエッセイでは、とくに恋人を理想化する恋のはたらきを“結晶作用”とよんでいる（スタンダール、1970）。これは、枯れた小枝を塩坑に投げ込んでおくと枝に塩の結晶がついて花のようになることにちなんでいる。つまり、なんの変哲もない枯れ枝に花が咲くように、人は恋した人を美化するというたとえだ。スタンダールは 19 世紀前半に活躍したフランスの人だから、昔から人は恋するとこうなってしまっていたことがよくわかる。

　最後に、恋には外側にあらわれる行動面の特徴がある。これはそのまま、行動的な要素とよぼう。感情と認知の要素が目に見える行動にあらわれたものといえるだろう。相手のことをあれこれと探って情報を集めるとか、少しでも近くにいようとする、もし相手が困っていたらいろいろ手を尽くして相手を助けてあげるとか、相手の気持を確かめようとする、あるいはとうとう自分の気持ちを告白する、といったことだね。考えてみると、恋に落ちると私たちはいろんなことをやってしまうようだ。

　では、恋愛の激しさを測ることができるんだろうか。恋愛の心理が今挙げた３つの要素から成り立っているとすれば、それぞれの要素が強いほど、**熱愛** passionate love の程度がより強いということになる。ハットフィールド（E. Hatfield）という人は、この考えに基づいて、どれくらい熱愛度が強いかを

測る心理テストを作った。あなたもこのテストを受けて、自分の恋心がどのくらい強いかを考える手がかりにしてほしい。

では、以下の質問に答えてください。

### ◆ 熱愛尺度

ここでは、あなたが強烈な恋愛状態になったときのことをお聞きします。

あなたが現在、一番強い気持ちで愛している人を思い浮かべてください。今愛している人がいないなら、一番最近まで愛していた人を思い浮かべ

てください。もし、あなたが誰も愛したことがないなら、恋愛に近いくらいに一番親しくなった人を思い浮かべてください。その人のことを○○さんとします。○○さんのことを考えて、以下の質問に答えてください（あなたが異性愛者なら異性を、同性愛者なら同性の人を選んでください）。ここでは、あなたの気持ちが最も強かったときにどう感じたかを9点満点で回答してください。

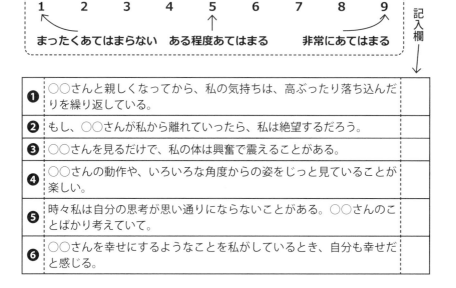

chapter 2 —「恋する」の扉

| | |
|---|---|
| ❼ | 他の誰かといるよりも、私は○○さんと一緒にいたい。 |
| ❽ | ○○さんが誰かを好きになってしまったことを想像すると、私は嫉妬してしまうだろう。 |
| ❾ | 私のように○○さんを愛することのできる人は、他にいないだろう。 |
| ❿ | 私は、○○さんについて何もかもが知りたい。 |
| ⓫ | 私の肉体も、感情も、精神も、○○さんを求めている。 |
| ⓬ | 私は、○○さんを永遠に愛するだろう。 |
| ⓭ | ○○さんの目をじっと見つめていると、私は虜（とりこ）にされそうだ。 |
| ⓮ | ○○さんから愛されたいという私の気持ちにはきりがない。 |
| ⓯ | 私にとって、○○さんは完璧な恋愛相手だ。 |
| ⓰ | ○○さんは、私を最高に幸せな気持ちにさせられる人だ。 |
| ⓱ | ○○さんが私に触れると、私の体が反応するのを感じる。 |
| ⓲ | 私は、○○さんにはやさしい気持ちになれる。 |
| ⓳ | ○○さんのことが、いつも私の頭から離れない気がする。 |
| ⓴ | ○○さんと長い間離れていたら、私はすごくさびしいと感じるだろう。 |
| ㉑ | ○○さんのことで頭がいっぱいで、時々仕事に集中できないことがある。 |
| ㉒ | ○○さんには、私の考え、心配ごと、希望など、私のことを知っていてほしい。 |
| ㉓ | ○○さんが私を気にしてくれるのがわかると、私はとても満足した気分になる。 |
| ㉔ | 私は、○○さんが私を欲しているそぶりを懸命に探している。 |
| ㉕ | もし○○さんが苦境に立っていたら、私は○○さんを助けるために自分の用事を中断するだろう。 |
| ㉖ | ○○さんは、私を陽気でうきうきした気分にさせられる。 |
| ㉗ | ○○さんがいると、私は触れたいし触れられたい。 |
| ㉘ | ○○さんがいなければ、私の人生は暗くわびしいものになる。 |
| ㉙ | 私は、○○さんに強く惹かれている。 |
| ㉚ | ○○さんとの関係がうまくいかないと、私はひどく気分が落ち込む。 |

psychology

30問すべてに回答したらその点数の合計を求めてください　→　□

　どうだっただろうか。たくさんの人たちにこのテストを実施した研究によると、合計点の平均は96点程度になる。目安として、121点以上の人は恋愛の気持ちが強い人、146点以上の人は非常に強い人だ。逆に、71点以下の人は恋愛の気持ちが弱い人、46点以下の人は非常に弱い人だと考えられる。

　このテストを使って調べると、驚いたことに4歳くらいの子どもでも大人と同じくらいの平均点を取るし、男性と女性で得点に大きな違いが見られないことがわかった。思ったよりもずっと幼い頃から人は恋しているし、その気持ちに男女の違いはほとんどないらしい。また、スタンダールの例からも、時代や文化によっても極端な違いはないようだ。

　恋愛に夢中で、ここで挙げた質問項目のような"恋の症状"に思い当たる人は多いだろう。あなたもその1人かもしれない。そのような症状はまったくふつうのことで、人間がずっとずっと昔から繰り返してきたことなんだな。その意味で、あなたはたくさんの人々が通ってきた恋の道を今まさに通っているといえる。

 **熱愛の感情が必要なのは、"婚期を逃さないため"**

　では、なぜ恋愛という非常に強力な感情状態が必要なのだろうか。戸田（1992）が展開した感情の学説である**アージ理論** urge theory によれば、その答えはなんと、"婚期を逃さないため"である。

　アージ理論のアージとは、人間に適応上の問題を解決するための行動を引きおこす、感情を中心とした動機づけや認知のしくみをひっくるめて指す用語だ。つまり、ふつうにいう"感情"よりもだいぶ広い意味をもっているのだが、ここでは感情とだいたい同じだとひとまず考えておこう。アージ理論では、人間の多くの感情は進化的な問題を解決するために備わってきた心のしくみと考える。その点で、前に説明したバスたちの考えかたの前提と同じだ。

　さて、強力な熱愛状態の特徴をもう一度考えてみよう。胸がドキドキする、相手のことをなんてすばらしい人だと思い考え続ける、近づきたい、知り合い

chapter 2―「恋する」の扉

たいと思う、自分のすべてを捧げても悔いはないと思う。そして、この人以外いない、この人がすべて、他の人の存在なんて眼中になくなってしまう。つまり性的対象にかんする極端な一極集中状態が恋愛の本質といえる。

　では、この心理状態が存在せず、自分が人生の中で出会うさまざまな異性の中から最もすばらしい人、あるいは、自分に最も合った人を見つけなければならなかったらどうだろうか。「この人はけっこういいかもしれない」と思える人はそのうちあらわれるだろう。しかし、一度この人と決めたら後戻りが難しいとしたら、すぐにその人に決められるだろうか。もう少し待てばもっといい人があらわれるかもしれない、別のあの人の方がほんとうはもっといいのかもしれないなんて考えが頭をよぎるだろう。パートナーを決めて子どもを作るとなると、とくに人間の場合ひどく時間や労力が必要になるのは前に述べた通りだ。したがって、配偶関係に踏み出すにはどうしても迷いが残る。

　ところが、そうしていつまでも踏み出せずにいたらどうなるだろう。結局は結婚適齢期をすぎてしまって、子どもをうまく産み育てるという生物としての目的が果たせなくなってしまう。このとき迷いを断ち切って新たな関係に踏み出すには大きな力が必要だ。そう、それこそまさに、熱愛感情なのだ。熱愛の中身には、ぶれることなく配偶の対象になる人を決定し、自分の資源を一気に集中投下し、対象者との関係を開始して確立するのに必要な心理的要素が強烈に高められた上で配合されている。この感情が本格的に発動されたが最後、私たちは恋愛対象者と他の人とを比べてためらってしまうこともなく、1人の人との関係を築くべく活動しはじめるのだ。もしかするとほんとうは、どこかにもっといいパートナーがいるのかもしれない。だが、ためらってなにもしないなら結果はもっと悪く、場合によっては最悪になる。進化はそれを防ぐために恋愛感情を人間に組み込んだというわけだ。

　なお、アージ理論には、このように、恋愛を含むさまざまな感情についておもしろい仮説がたくさん展開されている。また、ここまでに説明したような、**進化心理学** evolutionary psychology 的に人間行動を説明した本はたくさん出版されているので、ぜひ読んでみてほしい。

psychology

## 5 愛情を3つの成分に分ける

　これまでは、熱愛のようなカーッと熱くなるような情熱的な恋愛感情を念頭に話を進めてきた。ここでは、恋愛を含めて、愛情関係というものを広くとらえ、愛情に関わる要素（成分）を考えてみよう。よく紹介されるのがスタンバーグ（R. Sternberg）という人が考えた**愛の三角理論** triangular theory of love だ。三角理論という名の通り、この考えかたでは愛の成分を、**親密さ** intimacy、**情熱** passion、そして**コミットメント** commitment という3つに分けている。

【愛の三角理論】

　親密さとは、相手と親しい、関係が密接だ、相手とつながっている、といった気持ちのことだ。親しくつきあっている同性の友人にたいする気持ちといったら、わかりやすいだろう。2人の間柄がとても近いと感じている、ということだね。情熱は、相手が好きでたまらないときの好きという感情、相手のことを思うとカーッと熱くなるような感じのことで、このときの心理的な要素については前に解説したね。最後のコミットメントは、短い期間の関係でいうと相手を愛そうと決めていること、長い期間の関係でいうとその人との関係をずっと続けていきたいという考えのこと、また、関係を続けようとする言動をしたり約束したりすることだ。

　この3つは似ているが、気持ちは高まっていて情熱は高いけど、相手とはまだそれほど親しくないから親密さはそれほどでもないとか、気持ちは冷めていて情熱はないけど、別れられないからずっとつきあっていくつもりでいる（コミットメントは高い）といったように、それぞれ高い場合・低い場合が別々にあり得るものだ。

そうなると、3つの各成分があるかないかによってさまざまな組み合わせが出てくる。そこで、それぞれの組み合わせを想定し、愛は8種類に分けられるとスタンバーグは考えた。

1つの成分もなければ、もちろん愛は成り立たない。愛がない、"非愛"だね。たまたま電車で隣の席になった人とか、他の人とのなんでもない関係はとくに愛を感じるということはないだろうから、だいたいこれになるだろう。

もし成分が3つとも非常に強いなら、"完全愛"だ。熱い情熱があって、2人はとても親しくて、このさきもずっとずっとつきあっていこうと確信している。すごく恋しい人と恋愛関係になるとしたら、誰でも実現したいと思う関係だろうね。でも、一時的にこんな愛情をもつことができても、それをずっと維持するのはとても大変だろう。世界の統計を見ると離婚率のピークは結婚後約4年でおとずれ、これは子どもを作り、子どもにある程度手がかからなくなるまでの期間と一致しているという説があるから、絶頂期の愛はどんなに長くても数年くらいしかもたないのかもしれない。

親密さだけがあって、情熱とコミットメントがなければ、"好意"だけということになる。ちょっとした知り合い程度の人にたいしては、激しい情熱やずっとつきあっていきたいという気持ちを特別もたないで、その人に親しみを感じたり、その人といるとなんとなく気持ちが温かくなるといった経験をしたりするわけだ。こんな状態がスタンバーグのいう好意だ。

情熱だけだと、"心酔"となる。たとえば、まだつきあってもいない、相手のこともよく知らないで一目惚れしちゃったなんて場合だ。つきあっていないんだから親しいわけでは全然ない、つきあっていないからこれから関係が続くかどうかなんてまったくわからない、というような場合の愛を指している。こういう愛は、たぶんぱっと生まれてすぐ消えることも多いだろうね。

コミットメントだけなら、"うつろな愛"だ。うつろな愛は、親密さと情熱の両方がないのに、関係だけを続けていこうと思っている場合におこる。昔はお互いに好きだったし相手に魅力も感じていた夫婦が、長年連れ添って今やそんな気持ちが失せてしまった。けれど今さら離婚する気もない。やっぱり夫婦をずっと続けていこうと思っている、というような場合にみられるのはこのタイプだ。この例だけだとまったく魅力がないようだが、うつろな愛がすべて価

値のないものというわけでもない。いわゆるお見合い結婚をして、すごく仲のいい夫婦も世の中にはたくさんいる。お見合いなのだから、はじまりは親密さも情熱もない。つまり、うつろな愛だったことになるのだが、これに親密さや情熱も加わっていったわけだ。はじまりこそうつろな愛だが、そこから姿を変えていく愛もあるのだ。

　親密さと情熱だけで、コミットメントがなければ"恋"になる。つまりここでいう恋は、好意に情熱の熱い感情が加わったものだ。友情にプラスして主に外見的な魅力や性的な魅力による興奮状態が加わったものともいえる。だけど、どれだけ長くつきあっていけそうかということはわからないし、考えてもいないという状態だから、さきの見通しがつかない愛だね。

　情熱がなく、親密さとコミットメントだけだと"友人の愛"になる。これは生涯つきあっていきたいと思っている同性の親友との関係のようなものだと思えばいいだろう。お互いに信頼しあっていて親しく、関係はずっと続く。けれど、恋愛関係ではないから性的な情熱はない。これも、長く連れ添った夫婦などで、相手にたいして性的・身体的な魅力は感じなくなってしまったが、お互い一番親しい人だと思っていて、ずっと連れ添っていくつもりだというような場合の愛情の形だね。

　"愚かな愛"は、親密さの成分がないのに情熱とコミットメントがある場合だ。親しいという確証もないのに、気持ちだけがカーッとしていて関係を続けていこうと思っているわけだから、関係を続けていける根拠がないのにつきあおうと思っている状態で、その点を愚かというわけだ。情熱はすぐに燃え上がることができるが、親密さはある程度の時間をかけないと湧いてこないもの。だから、愚かな愛に基づく関係はすぐに終わってしまう可能性が高い。

 恋愛のスタイルの分類

　私たちは、ドラマや小説でいろいろな恋愛のかたちを見ることができるけど、恋愛のスタイルは、どんな種類に分けられるのだろうか。恋愛の分類で有名なのがリー（J. Lee）という人が提案した**愛の色彩理論** the colors of loveだ。Chapter 7（見る）でも出てくるのだが、理科や美術の時間に、似た色が順

chapter 2―「恋する」の扉

41

番に円環に並んでいる色相環というものを見たことないかな。愛の色彩理論の考えかたは主な愛のタイプを色彩にたとえ、似たものが隣り合うように円環の上に並べて理解しようとしたものだ。ここでは、以下の6つが主な愛情のスタイルになる。

①**エロス（Eros：美への愛）**：このタイプはロマンチストの恋だ。自分の心の中に理想的な恋人のイメージをはっきりともっていて、それに叶う人にたいして、強烈でロマンチックな恋愛感情を抱くタイプだ。「彼（彼女）こそ、私の理想の人！」と思い込んで一気に恋に落ちるから、一目惚れをしやすい。文学作品でいうと『ロミオとジュリエット』の例がわかりやすいだろう。このタイプの人は、恋愛至上主義で、恋人のことを歌や詩にしたりする。1人の人にのめり込み、他の人はまったく目に入らない。しかし、相手を独占しようとしたり嫉妬心を抱いたりすることは少ないといわれている。

②**ルダス（Ludus：遊びの愛）**：楽しむためのゲームのような愛で、真剣につきあおうという気がない。快楽追求主義で、外見が美しいから好きになることが多い。いわゆるプレイボーイ、プレイガール、女たらし、尻軽……なんてあまり品のよくないよばれかたをするタイプの人を思い浮かべるとわかりやすい。たいてい、相手をひとり占めしたいという気持ちは弱く、自分にも複数の相手がいても平気であり、むしろいた方がよいと考えるような人たちの恋愛だ。恋愛は楽しけりゃそれでいいという人たちだね。このタイプの人は、すべて自分が楽しいかどうかが重要で、相手の気持ちはあまり気にならないようだ。

③**ストルゲ（Storge：友愛）**：ゆっくり愛情と親交を育む愛。友達のような夫婦って言いかたがあるけど、カーッと熱くなるんじゃなくて、時間をかけながら、落ち着いて、おだやかに愛情を作っていくような愛だね。激しい恋愛は苦手で、恋人を作るなら友達の延長で、同じ趣味をもち、長く一緒にいるうちに気がついたらつきあっていたという関係の方がいいと考える。幼なじみでずっと友達のようにしていて、気がついてみると結婚するならこの人しかいないと確信していたカップル、というようなパターンが典型的だろう。

④**マニア（Mania：熱狂の愛）**：とても強い感情、独占欲が強いこと、妄想し

psychology

たり嫉妬したりすることが多いのが特徴の愛。自分に自信がないので相手との関係を不安に思い、確認しようとする。愛を切望するが、愛することはつらいと感じる。その人とだけ深く関わることを望み、相手にもいつも自分のことを考えていてほしいと望む。こんなふうだから、恋愛関係は不安定になりやすい。思い詰めると、食欲がなくなる、不眠になる、嘔吐するなどの身体症状になって出やすいという。

⑤**アガペー（Agape：献身の愛）**：見返りを期待せずに愛することが自分の愛しかたと考えるような、利他的な愛の形だ。パートナーの幸福を気遣い、利己心がなく、性的なふれあいも求めようとしない。自分が身を引いた方が相手の幸せになると思えば、恋をあきらめることもいとわない。陰ながら愛する人に尽くし、そっと見守るような愛だ。こんな人に愛されたらどんなに幸せだろうか……。完全なアガペータイプの人がいたら紹介してほしいよね。でも、リーは完全なこのタイプの人はほとんどいないといっている。もう少し現実的には、高価なプレゼントをしたり、勉強や仕事の手伝いをしてあげたりするんだけど、見返りを求めず、その人に尽くしているだけで満足できるようなタイプの恋人のことだ。

⑥**プラグマ（Pragma：実利の愛）**：相手の地位やお金などを意識して恋愛をする実利的なスタイルの愛。恋人を選ぶ際に、地位や家柄、収入などを基準に考えるタイプで、打算的な恋愛だ。性的な満足や精神的なつながりよりも、メリットがあるかないかを重要視するタイプ。このタイプの人は、恋愛にドラマチックなものは求めず、見返りが得られる関係を求めている。ストルゲと似ている部分もあるが、ストルゲは相手の条件を気にしない点がプラグマと大きく違っている。こういう人にとって、相手の魅力は恋愛以外のメリットなのだ。ドラマなどによく出てくる、相手の家柄や財産に目がくらんで結婚する人物はこの典型例だ。

以上の分類はとても有名で、恋愛の心理学の本によく紹介されているが、現実に見られる恋愛タイプが上の6種類にうまく分かれるかはかなり疑わしい。質問紙調査を使った日本の研究では、ストルゲ、プラグマ、ルダスの3つは確かに分離できそうだが、エロス、アガペー、マニアははっきりと分離できな

いので、合計で4つのタイプを想定するのがいいんじゃないかともいわれる。それでも、6つのタイプに分けるリーの色彩理論は、ドラマの登場人物に見られるような恋愛の典型を示していてわかりやすいから、1つの考えかたとしては有用だ。自分はどのタイプか、友人の誰それはどうか……なんて考えてみるのも楽しいだろう。

## 7 恋人との関係には子どもの頃の親子関係が影響する

　さて、どうしたら好きなあの人とつきあってもらえるんだろうか、つきあってもらえないまでも、どうしたら仲のいい関係を作れるんだろうか。こういったことを考えたり悩んだりしたことのある人は多いんじゃないかな。人と仲よくなることに全然気後れしない性格で、誰かと仲よくなるなんて簡単だと思っている人もいれば、自分はちょっと苦手な方かもしれない、と感じている人もいるだろう。じつは、そういう人との関わりかたのパターンや恋人との関係の作りかたに、子どもの頃の親との関係、とくに母親との関係が強く影響しているという考えかたがあるんだ。

　元々、小さい子どもが母親とどんな結びつきかたを見せるかについては、3種類くらいのパターンがあるといわれている。これは、1980年代の半ば、ボウルビー（J. Bowlby）やエインズワース（M. Ainsworth）などの発達心理学者が提唱した考えかただ。彼らによると、幼児期の親との関係には、安定型、回避型、アンビバレント型の3つがある（アンビバレントとは、"愛と憎しみ"のような相反する気持ちを同時にもつ状態のこと）。こういった型は、ちょっ

psychology

としたテストによって見きわめることができる。そのテストでは、幼児とお母さんにそれまで来たことのない部屋に来てもらい、そこでしばらく遊んでもらう。その後、お母さんにその場から出て行ってもらい、しばらくしてまたその場所に帰ってきてもらう。

　安定型の幼児は、お母さんが少しの間いなくなるという状態でも平気で、お母さんが戻ったとき、楽しそうにしている。この子どもたちは、自分の母親が戻ってくることを信じているように見える。

　これにたいして回避型の幼児は、お母さんが帰ってきたときもわりあい離れている。この子どもたちは、母親をあまり信用してなくて、距離をとっているように見える。

　アンビバレント型の幼児は、お母さんと離れることをとても嫌がり、お母さんが帰ってくるとためらいながらもべたべたする様子を見せる。このような**愛着スタイル** attachment style は、一生を通じて強い影響力をもち、しかも、おばあちゃん、お母さん、子どもというように、世代を超えて影響するとまでいう研究者もいる。

　子ども時代の愛着のタイプを成長してからの人間関係にまで当てはめて考えたのが、シェイヴァー（P. Shaver）とハザン（C. Hazan）だ。彼らの"愛の愛着理論"では、恋人たちは、幼児期で見られた3つのスタイルのうちの1つをもっているとされる。

　"安定型の恋人"は、親しい関係は簡単に得られると考えていて、実際、親密なつきあいができる。誰かを当てにしても、誰かから当てにされても、このタイプの人は、自然にリラックスしていられるわけだ。また、誰かに捨てられるとか、誰かが自分に近づいて来すぎるのではないかということについてあまり気にかけない。親しくなるのは簡単だ、と感じているタイプだ。

　"回避型の恋人"は、他者に近づいたり他者と親しい関係になったりすることにたいし、気が重く感じてしまう。この型の人は、他人を全面的に信頼したり、自分が人に頼ったりすることがなかなかできない。どんな人でも親密になりすぎると気詰まりになり、自分の恋人は、自分にとって適切な距離を超えて親密になりたがっていると感じがちだ。このような人が恋人だと、親しくなっていくのがなかなか難しいだろう。回避型の恋人には2つの種類があるとも

chapter 2―「恋する」の扉

45

いわれる。1つは、他者にたいして親密さを感じたり親しくなったりするのが嫌だ、なんとなく恐い、という人。もう1つは、他人にたいして素っ気なくて、距離を置いた関係を好む人だ。こういった恋人は親密さを拒絶するだろう。

"アンビバレント型の恋人"は、恋人が親しくしてくるのが、なんだか気が重いと感じる。このタイプの人は、恋人がほんとうに自分を好きでいてくれるのか、一緒にいたいと思っているのか確信がもてないでいる。誰かと完全に一緒になりたいという思いがあるとともに、そのことが他者を恐れ、遠ざけてしまう元にもなる。結局、このタイプの人は、親密さを十分に示すことができない。

愛着理論は、愛の研究でよく研究されているテーマだ。これまでの結果では、いろいろな人間関係についてこの理論はうまく当てはまり、かなり応用も利くらしいことが示されている。同時に、愛着スタイルは現在、一生変化しないというわけでなく、その人と状況とが相互作用した結果ではないかとも考えられている。つまり、人は、相手によって、あるいはその状況によって、愛着スタイルを選んでいるらしいのだ。自分は回避型やアンビバレント型じゃないかなと思った人がいるかもしれないが、悲観する必要はない。

 ## 恋に落ちるきっかけ

すでに恋人がいる人に恋してしまったことがある人は、なぜ他の人ではなく、その人に惹かれてしまったのかと不思議に思ったことがあるんじゃないだろうか。どうして、人はある特定の人のことを好きになるんだろうか。

これにたいする1つの回答に、過去に相手が自分をどれくらい心地よくしてくれたかによるのだという考えかたがある。心地よくしてくれるもののことを心理学では**報酬** reward（ごほうびって意味だね）といったりする。この専門用語の厳密な定義は少し難しいんだけど、ここではとりあえずこうしておこう。

そもそも、人はなんらかのかたちで自分に報酬を与えてくれる人にたいして好意をもちやすいよね。乳児は自分に食べ物を与えて空腹を満たしてくれるお母さんを好きになるし、あなたも子ども時代、お年玉をたくさんくれる親戚のおじさんのことは好きだったんじゃないかな。大人になったって、落ち込んで

いるときに慰めてくれる人や、なにかに成功したときにほめてくれる人にはたいてい好意をもつね。学校のクラスでも、いつもおもしろいことをいって周囲を笑わせたり、雰囲気を明るくしてくれたりする人はたいていみんなから好かれて人気者になる。逆に、あなたがいいことをしてもそれを無視したり、なにかにつけて怒ったり非難したりする人はあまり好きになれないだろう。

　こんなふうだから、恋した相手はあなたに報酬を与えた人であるかもしれない。外見をほめられたこと、笑顔を向けてくれたこと、ひょっとすると性的にドキッとしたこと……これらがきっかけでその人のことを好きになることもある。これらはみんな、その人があなたに与えた報酬なのだ。

　その一方、本人がはっきりと意識しないような原因で人を好きになることもある。Chapter 1（つきあう）でも出てきた**単純接触効果 mere exposure effect** といわれている現象はその1つだ。これは、とくに好きでも嫌いでもないものでも何度もそれを見聞きしているとだんだんと好きになってくるという現象だ。あなたもテレビCMをはじめて見たときは、なんだか変な商品だなと思っていたものが、繰り返してテレビCMが流れているうちになじんできて、店頭で売られているのを見るとつい手にとって買ってしまった、なんて経験をしたことがあるだろう。つまり、単純に何度もその対象を見聞きしていると人は好きになりやすいんだ。

　これは、商品だけではなく、人にたいしても当てはまる。見慣れない若手の芸能人や芸人さんで、最初ルックスが好みでなかった人でも、何度も何度もテレビで見ていると違和感がなくなってくる。

chapter 2―「恋する」の扉

47

場合によっては、ファンになってしまったなんてこともけっこうおこる。この効果は、見たり聞いたりしていることを当人が意識していなくても生じることがわかっている。テレビ番組の合間に流れる CM なんてあまり意識して見ない人も多いはずなのに、企業が CM をやり続けるのは根拠のあることなんだ。あなたがその人を好きになった理由は、たんに行き帰りの電車がたまたま一緒で、よく見かけるためだったのかもしれない。

　別の例として、不安な気持ちや身体的な興奮状態（胸がドキドキするなど）が偶然一緒におこったことがきっかけになって誰かを好きになるんだという、おもしろい考えかたがある。ダットン（D. Dutton）とアロン（A. Aron）が行った“吊り橋実験”とよばれる有名な実験から提案された理論だ。この実験では、高いところにある不安定な吊り橋の上で美しい女性がインタビューする。そして、女性から「結果に関心があれば電話してください」と電話番号を渡された男性は、頑丈な橋の上で同じことをされた場合に比べて、電話をかけてくる率が高かった。

　どうしてこんな結果になったんだろう？　まず、人間は不安な状態に置かれると心細いので、誰かとのつながりを自然に求めてしまう傾向が元々ある。つまり、高い吊り橋の上で不安な状態に置かれた回答者は、無意識に心細くなっているのでインタビューしてくる女性に親しみを覚えてしまったというわけだ。

　もう１つ、恐怖による身体の緊張・興奮状態を「自分はこの女性に会ってドキドキしている」と勝手に解釈して女性にたいする好意を募らせた、という考えかたがあるんだ。自分がドキドキしている原因を取り違えるなんてことがおこるわけないと思われるかもしれないが、人間が自分の身体の状態や感情の原因、さらには物事の原因と結果のつながりなどをけっこう当てずっぽうに認識していることは、いろんな研究結果から心理学では常識になっている（だからインチキ占い師やカルト宗教なんかにダマされる人があとを絶たないわけだ）。こう考えると、恋は相手と無関係におこった不安感や胸のときめきを勘違いすることがきっかけになることもありそうだ（ただし、ドキドキが魅力度を高めるのは相手が美しい女性だったときにかぎられるという結果が出ているので、デートに応用する場合には気をつけよう）。

psychology

## 恋は段階を踏んで進行していく

　前にも紹介したスタンダールの『恋愛論』では、恋心が芽生え育っていくプロセスを7段階に分けている。非常に有名なものなので、ここで紹介しておこう。
　第1段階は"賛嘆"だ。それまで、なんとも思っていなかった人にたいして、一瞬ハッとした印象をもつ。それからその人のことがなんとなく気になりはじめる。たとえば、ちょっとした一言や、ふとしたしぐさなどでドキッとして、それ以来その人のことが気になってしまった、なんて経験をもつ人も多いんじゃないかな。第2段階は、"接近の願望"だ。気になってきたその人が、今度はとてもすてきな人に思えるようになる。そして、できるだけ近くにいたいと思うようになる。2人きりになりたい、なんて思ったりする。第3段階は"希望の出現"だ。相手が自分のことを好きでいてくれるのではないかと考える、あるいは自分をどう思っているのかが気になって気になってしょうがなくなる。ここまでは、相手がすてきな人だ、気になるな、と思っている段階だろう。
　第4段階は"恋の自覚"だ。自分が明らかに恋に落ちていることを自覚する。相手をいつでも感じていたいとはっきりと思うようになる。相手を見てうっとりする。第5段階は前にふれた"結晶作用"だ。相手が理想化されて、かけがえのないすばらしい人に思えてくる。逆に、そんな人に比べて自分はなんてみすばらしくてどうしようもない人間だと考える。ここでいよいよ本格的に恋に落ちるというわけだ。
　第6段階は"疑惑の発生"。相手がどれくらい自分を愛しているのか、疑うようになる。ほんとうに愛しているという確証が欲しくなる。第7段階は、"第2の結晶作用"だ。疑惑と、相手がすばらしい人だという思いとが繰り返しあらわれる。そして、決まって相手のすばらしさがいっそう強調されるという。
　どうだろうか。誰もがこの7段階で行くとはかぎらないけど、部分部分に「あ、これは自分にもある」と思った人は多いだろう。これは、恋愛感情がだんだんと募っていく様子をかなりうまくあらわしているようだ。
　一方、日本人の大学生がどんなふうに恋愛関係を発展させていくのかについ

て行動面を中心に調べた松井（1993）の研究によると、5段階があるとされている。まず、恋愛経験は仲のいい友達としてのおしゃべりをし、プレゼントを交換する第1段階からはじまる。その後、用もないのに電話をするとか会うというようになるデートの段階に移る。これが第2段階だ。つぎの第3段階は、キスをしたり抱き合ったりするような関係になり、友達として知人に紹介するようになる。さらに恋人として紹介する第4段階になり、最後に、結婚が具体化する第5段階になる。

このように恋愛関係が深まるとき、なにが重要なポイントになるのだろうか。それを説明したのがマースタイン（B. Murstein）の **SVR理論** theory of stimulus-value-role だ。

まず、将来恋に落ちる2人が出会い、お互いに関心をもつようになるきっかけはなんだろうか。それはおそらく相手の魅力だろう。容姿の魅力、服装、会話のおもしろさ、気の利いたジョーク、相手からの積極的なアプローチなど、さまざまな刺激によってその人への注目度が高められる段階がまず必要だ。これがSVR理論のS（**刺激** stimulus）段階だ。

ある程度、相手に惹かれはじめたら、つぎはなにが大事な問題になるだろうか。だんだんとお互いに知り合うようになれば、どの程度相手と自分の考えかたが一致しているかが重要になってくるはずだ。たとえば、アウトドアのスポーツが大好きな人と長くつきあっていくのに、自分が完全にインドア派だとしたらちょっとつらい。趣味だけでなく、日々生活したり、さまざまな出来事にたいしていいか悪いか判断したり、つぎの行動を決めたりするときに、なにを大切に思いなにを不要と思うのか、好きか嫌いか、これらが事あるごとに対立する相手と長くつきあっていくのはとても難しいだろう。つまり、関係が深まりつ

つあるときに大事なのは、お互いの価値観だろう。これが SVR 理論の V（**価値 value**）の段階だ。ここでは、関心、態度、信念、欲求などをひっくるめて価値といっていることに注意しよう。

　惹かれ合い、相手の価値観にたいしてお互いにある程度の一致を見い出せて、さらに関係が深まっていったとしよう。すると、共同作業をする機会が増える。とくに仕事や家庭を切り盛りしていく際に、これは必ず必要になるといっていい。そこでは上手にお互いの力を協調してはたらかせていかなくてはならない。こんな状態で大事になるのは、お互いの**役割 Role** であり、

これが SVR 理論の R の段階だ。ここでお互いが相手に期待する役割をうまく果たせれば、2 人の関係は良好になっていく。

　この理論も、シンプルだけど恋愛関係が進展するときの本質的な要素をうまくいい当てているものとして、恋愛心理学の本ではよく紹介されている。

chapter 2―「恋する」の扉

51

## 恋愛には、"損得のバランス"が大事

　恋を末永く続けていくには、2人の関係をうまく保っていく必要があるね。このとき参考になる考えかたに**公平理論** equity theory がある。この理論では、一方が相手や2人の関係にたいしてかけた手間や時間や苦労（具体的な時間やお金はもちろん、悲しんだり怒ったりというような感情も含まれる）の合計がかなりきちんと評価できると仮定する。同じく、2人の関係あるいは相手からどれくらい得られるものがあるか（プレゼントや援助はもちろん、安心感とか楽しい時間とか性的な魅力といったものも含まれる）も評価できるとする。

　この、自分がかけた労力と自分が得た利益の比率が2人の間でだいたい同じになっているときが公平な状態、一方が他方を上回っている、あるいは下回っている場合が不公平な状態だ。人間は、不公平な状態に置かれると苦痛を感じるようになっており、不公平の程度が大きければ大きいほど苦痛も大きくなる。もしそこで公平な状態が戻ってくれば苦痛も解消するというわけだ。

　たとえば、あなたが相手に20の労力をかけていて、相手から40のものを得ているならあなたの得点は、40÷20で2だ。相手は10の労力しかかけていないで、あなたから50のものを得ているなら50÷10で5になる。この場合、あなたの得点より相手の得点の方が高い。これは、あなたの方がその関係で損をしているということになる。つまり不公平な状態だ。あなたは高いプレゼントを買ってあげたり相手のわがままを全部聞いてやったりして尽くしているのに、相手はあなたを恋人扱いせず軽く扱っている、なんて状態だね。こんなのはふつうイビツな関係だ。あなたは、相手がほんとうに自分のことを愛しているのだろうかと疑問に思うだろう。そして、ガマンの限界が来れば、関係を終わらせてしまおうと思うに違いない。

　愛のような損得抜きの関係と思われているものでも、"損得"ということを広い意味でとらえればだいたいバランスがとれているものだ。もしその関係から得られるものが2人の間であまりにもイビツになってしまえば健全な関係は続かない。この考えかたはそれを教えてくれている。

## おわりに──それでも恋はすてきさ

坂口安吾（1906-1955）という作家は自身の『恋愛論』の中で、「何度、恋をしたところで、そのつまらなさがわかるほかには偉くなるということもなさそうだ。……そのくせ、恋なしに人生は成り立たぬ。……恋愛は人生の花であります。いかに退屈であろうとも、このほかに花はない」と述べている（坂口、1957）。安吾らしい言い回しで、ちょっと照れながら大人の恋愛観を語っている感じだ。

　本章では、恋愛についていろいろと心理学的な研究を紹介してきた。恋愛は繁殖の手段であり、認知や行動の変化でもあり、恋愛タイプにはいろんなものがある。恋のきっかけは誤解であるかもしれず、おおざっぱに恋がたどるプロセスもあるらしい。……これらはもしかすると、恋愛へのイメージを壊すような、がっかりさせるような内容だったかもしれない。逆に、恋愛を冷静に眺めてみるとこんなことがわかっているのかとおもしろがってもらえたかもしれない。あなたはどちらだろう？　安吾の言うように、恋愛は冷めた目で眺めてみればつまらないものともいえるけど、人生のとても大切な"花"でもある。ふさわしい時期にふさわしい機会があれば、若い人たちは恋に落ちた状態を存分に楽しみ、時には苦しめばいいと思う。その経験は、自分の魅力や欠点について深く考えることになるし、人と人との関係や男女の性について自分なりのスタンスをもつということ──これからの人生を送っていく上でものすごく大切なこと──に本気で取り組むことになるからだ（ただし、現代の文化は恋愛のよさを強調しすぎており、若者たちは恋愛経験を早くたくさん積むように急き立てられているともいわれているから、まわりの雰囲気にあおられて焦る必要はない）。

　あなたが恋に落ちたとき、今読んだ心理学の分析もちょっと思い出してほしい。そうすれば、そしてそんな余裕をもつことによって、きっとその恋愛は少しだけ幅が広がるだろう。そしてあなたの人生もちょっとだけ豊かになるんじゃないかなと、恋のつまらなさと花がだいぶわかる年齢になった私は思っている。

chapter 2──「恋する」の扉

**お薦めの本** ≫≫≫───────→

◉ スーザン・S・ヘンドリック、クライド・ヘンドリック／齋藤勇監訳『「恋愛学」講義』金子書房（2000）

　恋愛の基本的な心理学的研究をまとめてあり、恋愛研究には欠かせない本の1つ。ちょっと専門的なところもあるが、より深く恋愛について勉強したい場合には読んでおくととても参考になります。

◉ 金政祐司・相馬敏彦・谷口淳一『史上最強図解よくわかる恋愛心理学』ナツメ社(2010)

　書名通り、図とイラストで恋愛心理学について学べる本。1つ1つの解説は短く、さまざまなトピックを網羅的に紹介しているので、読みたいところから読み進めて幅広い知識が得られます。さらに詳しく専門的に知りたい場合は、巻末の参考文献に当たってみるといいでしょう。

## 「気持ち悪いもの」は年齢で変わる

　子どもの頃、蛙や昆虫などをつかまえるのに熱中したことはないだろうか。私は田舎で生まれ育ったので、辺りにはそういった小動物がたくさんいた。5～6歳児の頃に近所の女の子と一緒になって数十匹の蛙を集め、水槽に入れて遊んでいた思い出もある。しかし、これを今やれといわれたとしたら、丁重にお断りするだろう。幼少期にありがちな、小動物や草木に人間のような心があると感じるアニミズム的感性をすっかり失ってしまったということもあるが、それらにたいする興味関心以前に、そもそもそんなことをするのはとっても気持ちが悪い。

　気持ち悪い、イヤだ、嫌いだという感情を引きおこすものは成長とともに変わっていく。実験によれば、おおざっぱにいって小学校入学前の年齢（7～8歳以前）の子どもたちは、大人が気持ち悪がるものにたいしてもかなりおおらかに受け入れる。たとえば低年齢の子どもは、犬の糞そっくりに作ったチョコレートを平気で食べたりできる。

　その一方で大人は、汚いものに一度触れたものは汚染されているから、見た目で異常がなくても汚いと自然に考える。もしジュースの中にハエが入っていたら、ハエを取り出したあともそのジュースは汚いと感じ、飲むのが気持ち悪くなる。これが、ジュースは「汚染されている」という感覚だ。この感覚もはじめから人間に備わっているわけではない。幼い子どもなら、ハエたたきでかき混ぜたジュースを、ハエが入っていないかぎり平気で飲めたりする。

　どんなものを汚いと感じるか、その汚いものによって汚染されたものを避けるかどうかは、12歳頃までにだんだんと大人の傾向と一致してくることが知られている。つまり、食べ物や接触の対象にたいする嫌悪感は児童期に成立しはじめ、さらに大人になるまでの間に完成してくるというわけだ。

chapter 2——「恋する」の扉

一方で大人は過剰に汚染を気にするようだ。たとえば多くの大人は、検尿で使った紙コップはいくらきれいに洗っても飲み物用に使う気になれないだろう。よく洗えば尿などは完全に取り除けるので、ほんとうは清潔さの面でまったく問題ないはずだ。だが、そう説明されても使わないだろう。これは、実際の清潔さを超えて汚染という考えかたが強力に作用している例だ。子ども時代には汚染ということがわからないのに、大人になると場合によっては過剰に汚染を気にするようになる。このあたりが嫌悪感のおもしろい特徴といえる。


## ウエスト＝ヒップ比率：美しいと感じられる女性の体型

女性の身体像は古来、美の象徴だった。とくに、男性と比べて腰がくびれた身体シルエットは女性美を象徴する特徴の1つだ。"縄文のビーナス（縄文時代に作られた土偶で、腰のくびれを強調した妊婦像と考えられている）"をはじめとして、女性のウエストのくびれを強調した古代の出土品が多くあるし、ヨーロッパで発達した女性のコルセットは明らかにくびれを誇張するための補整下着だ。

この女性のくびれの魅力について、実際にデータを集めて検討したのが有名なシン（D. Singh）の研究だ。彼の実験で使われたのは、太めからやせ形までの女性のイラストで、さらにそれぞれの体型でウエストの細さを何段階かに変えたパターンが用意された。そして、これらのイラストにたいして男性が魅力度を評価した。すると、身体全体が太めでも細めでも、ウエストとヒップの比率が 0.7 だった場合（つまり、ヒップの見た目の幅にたいしてウエスト幅が70％のとき）が最も魅力的だと判定された（Singh, 1993）。ウエストとヒップの比率は WHR（waist-hip ratio）と略されるので、この研究以降、WHR 0.7 という数字がとても有名になった。

その後、さまざまな文化圏で研究が行われ、アフリカの一部の地域では 0.8 くらいが最も魅力的、南米や中国だと 0.6 くらいになるといった結果が報告されている。だから厳密には WHR 0.7 の体型だけが世界のどこでも魅力的とはいえない。とはいえ、男性がある程度ウエストの締まった体型に女性の魅力を感じるのは、いわゆる先進国では一般的なようだ。

psychology

腰のくびれは、大きいヒップと細いウエストという2つの特徴から成立する。女性のヒップが大きいのは、赤ん坊を無事に出産するために、身体全体に比べて骨盤が大きいからだ。したがって、男性が女性の大きなヒップに魅力を感じることは、結果的に妊娠出産に適した女性をパートナーして選ぶことにつながるだろう。一方、ウエストの細さについては、女性が骨盤の大きさを強調して見せるように細いウエストを進化させたのだとか、男性にとって女性が妊娠していないことを示す目印になるからだとか、おもしろい仮説が提起されている。

異性の好みや外見の魅力のような、一見、とても微妙な問題に人間の生物学的な条件が大きな影響を与えているらしい。そう考えると、私たちの行動の成り立ちがとても不思議に思えてくる。


## 感情は他者に伝わる：情動の社会的共有

感情はとても個人的なものだ。あなたが悲しいとき、誰もあなたのほんとうの悲しみは正確にわからない。あなたの親友が怒っているとき、その人が感じているのとそっくり同じ怒りをあなたが感じられるわけではない。

だがその一方で、感情は常に他者へと漏れ出ている。表情がその1つだ。強い感情がおこれば思わず表情にあらわれる。さらに声色、身体全体の姿勢や動きなどにも感情はあらわれるから、とくに親しい人であれば感情状態は、ある程度、正確に感じ取れることが多い。

しかし、感情を伝えるのはこれだけではない。あなたがつらい出来事や逆にとてもうれしい出来事を経験したとき、誰かに話したい、聞いてもらいたいと強烈に感じたことはないだろうか。そしてそんな場合は、話を聞いてくれる人を探して、そのつらさや喜びを実際に語ったことだろう。

自分が経験した感情的な出来事や感情について他者に言葉で伝えることを**情動の社会的共有** social sharing of emotion という。リメー（B. Rimé）らは、人々に感情的な出来事について思い出してもらい、他者に話したかどうかを尋ねた。すると、ほとんど（90%以上）の出来事が他者に話されていることが判明した（Rimé, et al., 1991）。その後の研究によると、日本人でも80%程度の共有率が示されているし、他の国のデータでも類似した高い共有率が示

されている（余語・尾上・藤原、2014）。昔話では、重大な秘密を守るよう言われてもつい話したくなってしまう心理がテーマになっているものがある（たとえば「王様の耳はロバの耳」だね）。あるいは、自分の内面を告白する懺悔の制度がさまざまな宗教で昔から作られていたりするから、情動の社会的共有は人類に共通している性質だと考えられる。

　人間の行動のしくみは、感情というきわめて個人的な体験を他者に伝えようと常に私たちを駆り立てている。感情を伝えられれば、私たちはなにかしら応えようとする。つまり私たちの感情プロセスには否応なく他者が存在しており、それが私たちの社会的関係を支えているのだ。

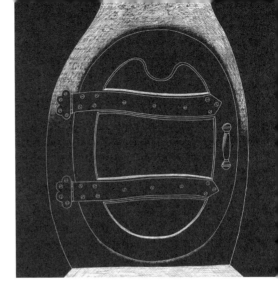

# Chapter 3
# 「育つ」の扉

## 🔑 はじめに
### ——人間は、生まれてから死ぬまで育ち続ける

　赤ちゃんだった頃のあなたがはじめて歩いたとき、はじめて「ママ」「パパ」と言ったとき、あなたのお母さんやお父さんはあなたの育ち（発達）に驚き、きっと大感激したことだろう。そのあともあなたはさまざまな発達を遂げ、赤ちゃんのときにはなかった知的な能力、運動の能力、人とつきあう能力などを身につけてきた。

　人間の能力を向上させる大きな要因が学習（Chapter 4）と発達だ。これらは相互に絡み合って私たちの行動を変化させる。だから2つを完全に分けることは難しいけど、ここでは発達の方に焦点を当ててみよう。

赤ちゃん時代をすぎると、さすがにあなたのご両親の感激は少しずつ小さくなっていったかもしれない。だけど、あなたのたどってきた1つ1つの発達は、ほんとうはすごく感動的なことだ。そして、あなたがこれからたどる発達も（誰も感激してくれないかもしれないけれど……）、やはり感動的なことだ。人間は、赤ちゃん時代や若い年齢の頃にだけ発達するのではなく、大人になってからも発達し続ける。それは子ども時代のように、右上がりで成長著しいといったものばかりではないが、大人の発達にも意義深いことがたくさんある。たとえば、ある分野で卓越した技能をもっている人たちというのは、かなりの年齢を重ねていることが多い。職人芸とよばれるような彼らの技能は、何十年もの経験を積み重ねないと得られないものだ。また、インターネットなどで紹介されている"おばあちゃんの知恵袋"なんていわれるさまざまな暮らしの知恵。これも大人になってから長い時間をかけて得られた能力だ。大人にはこうした発達がたくさんある。

　発達のスピードや、いろいろな能力がどこまで発達するかは人によって異なるけれど、生きているかぎりゆっくりではあってもなんらかの発達を続けるのが人間だ。人間以外の動物も発達はするが、人間ほど長期にわたってダイナミックに発達するものはない。ここでは、そんな人間の発達の特徴を見ていこう。あなた自身のこれまでの発達、そして、これからの発達を想像しながら読んでほしい。

## 発達には成長だけでなく停滞・衰退・消失も含まれる

　お母さんから「あなたは他の子よりずっと発達が早くて」あるいは「あなたは小さい頃発達が遅かったから心配で心配で……」なんて言われたことはないかな。ではその発達ってなんだろうか。"成長"と同じような意味じゃないの、と思う人もいるだろうね。

　心理学には発達心理学という領域がある。発達心理学では、生まれてすぐの赤ちゃん（新生児）、いや、生まれる前の胎児の頃から100歳を超えたお年寄りまで、それぞれの時期のいろいろな機能がどのように変化していくかを研究する。たとえば、"新生児は、こういうことはできるけれど、こういうことは

できない"とか、"幼稚園の時期になると、こういう特徴が出てくる。そして小学生になると、それがこのように変化する"といった感じだ。それぞれの時期の機能の特徴を調べていくことで、人が年を重ねるのに伴ってどのような変化が見られるかということを理解していこうというわけだ。このような視点からすると、発達が遅い、というのは、その年齢の子の平均的な状態よりは、機能の向上が遅れている、という意味になる。

となると、「やっぱり成長と同じ意味じゃないか」と言われそうだ。確かに、年齢が上がるとともに、できなかったことができるようになるということを示すのなら、成長という言葉でもいい。しかし……。

ところで、ある程度心も体も成長したら、つまり大人になってしまったら、そのあとはどうなるのだろうか。衰えるだけなのだろうか。確かに身長は10代までに伸びきってしまったらもう伸びないし、記憶力も20歳くらいがピークなんていわれている。あなたのお母さんも、「最近しょっちゅう物忘れするようになった」なんて言っているかもね。

ここで成長ではなく、発達という表現が意味をもってくる。成長というと、上昇的な変化、身長が伸びる、ハイハイしていた赤ちゃんが歩けるようになる、わからなかったことがわかるようになる、などのプラス方向の変化しかとらえることができない。でも心理学では、こういう上昇的な変化だけじゃなくて、停滞や衰退といったマイナス方向の変化、さらには単純に上昇とも下降ともいえない変化をも含めて、発達と考えている。だから、"消失"といって、機能がなくなってしまうことも発達の1つになる。

消失が発達？　なんか変な感じがするだろうけど、とくに赤ちゃんはどんどん成長する一方で消失も多い。その一例が**原始反射** primitive reflex というものだ。原始反射は正常な新生児に見られる反射の1つだ。反射というのは、口の中にものを入れると唾が出てくるとか（唾液反射）、明るい場所から暗い場所、暗い場所から明るい場所に行くと瞳が拡大または縮小するとか（瞳孔反射）、意識しなくても体が勝手に反応することをいう。新生児の赤ちゃんの手のひらや足の裏に、大人の指を置いてみると、赤ちゃんは手を握りしめたり、足で大人の指を握ろうとしたりする。これは把握反射といって、原始反射の1つだ。生まれてすぐの赤ちゃんに触れる機会があったら、手をきれいに洗って

chapter 3―「育つ」の扉　　61

ぜひやってみよう。ほんとうにギュッと握りしめるから驚くよ。でも手の把握反射は、赤ちゃんが自発的に物を握ることができるようになる生後4〜6カ月頃で消失してしまう（足の方は、立ち上がるようになる9〜11カ月頃に消失する）。逆に、それ以降もこの把握反射が残っていたら、神経系の障害が疑われるんだ。今のあなたの手のひらに、他の人の指が置かれても、自動的に握りしめるってことはないだろう？　置かれた指が好きな人のものだったら、思わず握っちゃうことはあるかもしれないけどね……。もちろん赤ちゃんは成長していく部分の方がずっと多い。だが、新しい機能を得る一方で、以前の機能を消失させていくというわけで、これも発達なのだ。

　記憶の発達を例に、もう少し説明しよう。物覚えが悪くなったとか、物忘れがひどくなったというのは、ふつう記憶力の衰えという意味で使われているけれど、これも発達の1つと考える。記憶にはいろいろな種類があって（Chapter 5参照）、発達の特徴もさまざまだ。暗算をするときに使うような記憶、いったん頭に覚えておくための**ワーキングメモリ** working memory の能力は、若い人に比べて年配の人の方が低い。でも、別の種類の記憶、たとえば文の要点を再生する能力などは、若い人と同じ成績か、むしろ年配の人の方が優れていることもある。出かけたついでに手紙を投函しようとか、コンビニに寄っておやつを買ってこようとか、これからやろうと思っている行為の記憶のことを**展望的記憶** prospective memory というのだけど、これも必ずしも年配の人が劣っているわけではない。だから、物忘れがひどくなったと嘆いているお母さんも、すべての種類の記憶が衰えているわけじゃない。衰えた記憶を補うように別の記憶の能力が強力になっていることもあるんだ。

　発達を成長と同じ意味でとらえると、すくすく育つ赤ちゃんや子どものように、どんどん上昇していくというイメージをもちがちだ。だけど、最近は“生涯発達心理学”という言葉もあるくらいで、人は大人になっても発達し続ける存在だという考えかたが心理学の世界では主流になってきている。だから人間は死ぬまで発達し続ける可能性をもっているといっていい。つまり発達とは、年齢が上がるにしたがって、それぞれの年齢なりに、記憶や考えかたなどのいろいろな機能に変化が見られていくことを意味している。赤ちゃん時代にどんどん獲得されるものがある一方、消失や衰退もあるし、逆に年を重ねて衰える

psychology

機能がある一方、ポジティブな機能の獲得もある。それらすべてが発達といえるのだ。

 ## 赤ちゃんの発達の意外なからくり
　　　──微笑み一つで大人を操ることも

　赤ちゃんを含めた乳幼児の発達について、さらに説明しよう。
　自分が赤ちゃんだった頃を思い出してごらん。……といっても無理だよね。覚えているわけないし。大人は誰でもみんな赤ちゃんを経験してきたはずなのだけど、残念ながらその頃のことはほとんど覚えていない。そこであらためて赤ちゃんを研究する必要がある。"赤ちゃん学"ともよばれる赤ちゃん研究は比較的新しい分野で、まだ20～30年くらいしかたっていないけど、それでも、いろいろなことがわかってきた。
　あなたは、赤ちゃんは、なんにもできなくて、とっても無能な生き物だと思っていないかい？　発達の第一歩をはじめたばかりの赤ちゃん。確かに赤ちゃんはほとんどなにもできないように見える。でも、赤ちゃんは赤ちゃんなりに、周囲の環境にはたらきかけながら、着々と発達の道を歩んでいる。その中には、大人が驚くようなからくりもある。赤ちゃんのもっている意外な発達の特徴を紹介しよう。
　新生児の赤ちゃんの視力はどのぐらいだと思う？　下條（1988）によると、新生児は極度の遠視で0.02くらいの視力しかない。それに色の違いもよくわからない。目はクリクリで、なんでも見えているみたいなのにね。ともすると赤ちゃんも大人である私たちと同じ世界に生きていると思ってしまいがちだ。しかし、赤ちゃんが見ているもの、感じていることは、じつは大人とはかなり違う。生後6カ月で0.2前後、12カ月つまり1歳でも0.4前後、3～5歳でやっと大人並みの視力に発達するようだ。
　また、大坪（2004）によれば、新生児の赤ちゃんはピントを合わせることができない。赤ちゃんのピントは、自分の顔から大体25～30センチメートルに固定されたままで、あとはずっとぼやけて見えている。なぜ25～30センチメートルの距離のところに固定されたままなのかわかるかな？　赤ちゃん

がこのくらいの距離でよく見ているものってなんだろう。そう、お母さんやお父さんの顔だ。抱っこされたときだいたいそのくらいの距離にお母さんやお父さんの顔があることになる。生まれてすぐの頃、視力は低くても、自分を抱っこしてくれる人の顔には、ピントを合わせて見ることができるようになっているわけだね。赤ちゃんは自分を育ててくれる人をきちんと見るための能力を身につけてこの世に生まれてくるんだよ。お母さんのお腹にいた胎児の頃から、自分を育ててくれる人を見るための準備をしていたんだ。

さらに、人の顔を見る能力とも関係するけど、赤ちゃんは大人が思っているよりも好奇心が旺盛だ。新生児でも、単純な形よりも複雑な形のものをより積極的に見ようとする。新生児だから視力は高くないのに、ちょっとでも変わったものに興味を示すようだ。その中でもとくに人の顔には敏感で、顔のイラストのようなものですら、じっと見つめていることがある。

それから、生まれて間もない赤ちゃんが、見ている大人に向かってニッコリと微笑んでいるように見えることがある。「あっ、笑った笑った！」と見ている大人はほのぼのする。また、寝ているときにニッコリしていると、「楽しい夢を見ているのかな？」なんて思ってしまう。ところが、この微笑んでいるように見える赤ちゃん、ほんとうは笑っているわけじゃない。これは**自発的微笑 spontaneous smiling** とよばれる現象だ。自発的っていうくらいだから、やっぱり自分から笑っているように思えるかもしれないけど、これも前に出てきた原始反射のようなもので、筋肉が勝手に動いて、笑った表情に見えているだけなんだ。

しかし、生後2カ月頃になると、音や光など外からの刺激に反応して笑うようになる。これを**外発的微笑 elicited smiling** という。3カ月頃には、親などの親しい人たちにたいして微笑むようになる。これは**社会的微笑 social smiling** だ。さらに5カ月頃になると、いつも自分のことを世話してくれる人とそうでない人の区別ができるようになって、選択的に微笑んだり微笑まなかったりできるようになる。笑うということも目まぐるしく発達していくんだ。

ところで、赤ちゃんはどうして微笑むのだろう。どうして生まれた直後から、自発的微笑なんてことができなくちゃいけないのだろう。これにはちゃんとした理由がある。赤ちゃんは自分では動けないから、まわりの大人に世話をして

psychology

もらう必要がある。世話を引き出すには、大人から「かわいい！」と思われなければならない。かわいいと思われるにはどうしたらいいか。これは大人でも同じだけど、笑顔を見せることが一番効果的だ。

つまり、赤ちゃんにとって、微笑みは大人から世話したいという気持ちを引き出す"武器"なんだ。微笑みだけじゃなく、泣くことや、手足を動かすことも大人の行動を引き出す手段で

はあるのだけど、とくに赤ちゃんの笑顔は、親やまわりの大人にとってはたまらないもので、必殺技といってもいいくらい効果的だ（あなたも親になればきっとわかる）。赤ちゃんが笑うと、まわりの大人は喜んで、抱っこしたり、話しかけたり、ガラガラを鳴らしたり、とにかくいじくりたくなってくる。

とくに親にとっては自分と他の人を区別した上で笑ってくれるようになると、「私のことをちゃんとお母さん／お父さんだってわかってくれている！」と喜び、より赤ちゃんにはたらきかけよう、かわいがろう、守ってあげよう、という思いを強くもつ。微笑み一つで大人を操る赤ちゃん。すごいと思わないかい？

##  赤ちゃんの能力、恐るべし！

赤ちゃんはまだ自分で身のまわりのことをこなせるわけではないし、大人による世話が必要な存在だ。しかし、大人が思っている以上に赤ちゃんが理解できていることもある。赤ちゃんには意外にかしこい部分もあるんだ。

たとえば、生後4〜5カ月頃になると、ある物が布などで隠されて目の前から見えなくなったとしても、それが布の後ろに存在し続けるということが赤ちゃんには理解できる。このようなことを、ちょっとカタい言葉で、**対象の永続性** object permanence の理解という。

"いないいないばあ"という遊びがあるよね。大人どうしでこれをやりあってもちっともおもしろくないが、生後ある程度経過してからの赤ちゃんにやっ

chapter 3―「育つ」の扉

てあげるととても喜ぶ。いないいないばあの「いないいなーい……」の段階で隠される顔が、前の段落でいう布などで隠されている物に相当するわけだ。新生児だと対象の永続性の理解がまだ成立していないので、いないいないばあをやっても楽しんでもらえない。対象の永続性が理解できるようになってからしてあげると、手で隠された奥に顔があることが赤ちゃんにも理解できる。そして、「今に顔が見えてくるぞ」と期待し、「ばあ」という声とともに実際に顔が見えると、それが楽しく感じられるんだ。

　実際には、生後4～5カ月頃では、「いないいなーい……」で顔を全部隠してしまうと、手がかりがなくなってしまうので赤ちゃんは「今に顔が見えてくるぞ」という期待ができない。それでも赤ちゃんは楽しんでくれるが、これは大人があやしてくれること自体を楽しんでいるというのがほんとうのところだ。本来のいないいないばあの楽しみかたができるのは7～9カ月頃となる(それ以降はたとえば変顔をしてあげるなど変化球のいないいないばあを楽しむ時期になる)。

　もう1つ、赤ちゃんのかしこいところを紹介しよう。なんと赤ちゃんは簡単な数の理解ができる。たとえば1＋1や、2－1を理解できているとか、2と3の区別ができるということだ。もちろん赤ちゃんは数字や演算記号を理解できるわけではない。だが、お人形が増えたり減ったりする様子を見せるなど実験方法を工夫して赤ちゃんの数の理解の程度を調べてみると、生後5カ月程度で数の理解ができていることがわかった(Wynn, 1992)。赤ちゃんは自分で動けないけれど、まわりの見えている世界を部分的には理解している。赤ちゃんの能力、恐るべし、だね。

## 人見知りは乳幼児の武器

　つぎは赤ちゃんより少し大きい乳幼児の"人見知り"の話をしよう。最初に言ってしまうけど、人見知りというのも1つの武器なんだ。

　乳幼児は知らない人が近くにやってきたら、恐がって泣いたり、固まったりすることがある。歩ける子なら親の後ろにササーっと隠れてしまったり、別の部屋に逃げていったりする。犬や猫、動物なども、見知らぬ人が近寄ってくると、

とても警戒するよね。吠えたり、後ろに下がったり、「コヤツは敵か？　自分に危害を加えないか？」と思っているのだろうね。

　でも、乳幼児の人見知りと、動物のこうした行動とは、背景にあるものの意味がちょっと違う。じつは、人間の子どもの人見知りには、"親子の絆"が関係しているのだ。乳幼児にとって、自分の親（または親代わりになる養育者）はいわば**安全基地** secure base の役割を果たしている。たとえ自分の親がレスラーみたいに大きな体でなくても、その人がいると安心できて、自分を守ってくれる存在であれば、どんな親であっても安全基地になるんだ。

　乳幼児と親は、日々の生活の中でさまざまなやりとりを行い、その積み重ねによって、親子の強い結びつき（親子の絆）ができあがる。この強い結びつきを発達心理学では**愛着** attachment とよんでいる。親が遠くに行きそうになったら、「ギャー！（行かないで）」と泣いたり、あとを追ったりする。そうすると親は、抱っこしながら用事をすますとか、すぐに戻ってきて相手をしてあげるとか、なんらかの反応をして要求に応える。このやり取りが愛着行動とよばれるものだ。

　多くの愛着行動を通して親子の絆が強くなると、乳幼児にとって親や養育者は安全基地としての意味をもつようになる。緊急事態や怖いことがあれば、急いで安全基地である親の所に戻ってくる。逆に、親が見守ってくれていることがわかっていれば、少しくらい親から離れていても、安心して自分のやりたい遊びに集中できる（ついでにいうと、この安心感があるからこそ、冒険に出ようという積極的な行動が発達してくる）。

　人見知りの話に戻ろう。最初は見知らぬ人が近寄ると、ササーっと親の後ろに隠れてしまった子。でも親がその見知らぬ人と仲よさそうに話していると、次第に親の後ろからヒョコッと顔だけ出すようになる。恥ずかしいけど、その

人見知りも子どもの武器

chapter 3 ―「育つ」の扉

知らない人に興味しんしん。なにせ人間は赤ちゃんのときから好奇心が強いからね。でも、その見知らぬ人が話しかけようとすると、また親の後ろに隠れる。これは親を安全基地にして、新しい探索を試みようという試行錯誤の行動だ。

何度か試行錯誤を繰り返したり、親が「大丈夫よ」と言ったりすると、その子は安心して、その見知らぬ人にあからさまに興味を示すようになる。これは**社会的参照** social referencing とよばれる行動だ。乳幼児は、知らない人を見て泣いたり隠れたりすることで、親を通して、それが危険でないかどうかを判断しているというわけだ。逆に言うと、親が、その見知らぬ人が危険でないかどうかの反応を、乳幼児から引き出されているということでもある。大人は乳幼児にうまく利用されているわけだね。

というわけで、人見知りができるというのも発達のあらわれなんだ。微笑みで親の世話を引き出すことに比べると、より複雑な行動ができるレベルの発達といえるね。

## 遊びの変化は発達の印

今度は幼児期の"遊び"について考えてみよう。ちょっと意外かもしれないけど、遊びは心理学の重要な研究テーマでもあるんだよ。

幼稚園の頃、どんなことをして遊んでいたか覚えているかい？　もう忘れちゃったかな。でも、毎日なにかしらのことをして遊んでいたはずだ。とくに幼児期の頃は、年齢が上がるとどんどん遊びかたが変わってくる。だから、幼稚園に入ったばかりの頃と、小学校入学が近い頃では、遊びかたは全然違う。親戚の子がちょっと見ない間にすごくいろいろな遊びができるようになっていて驚いたことないかな。

幼児の遊ぶ様子を観察した研究から、遊びかたには発達的な順序があることがわかってきた。だから、その子がどんな遊びをしているかによって、発達が順調なのか、それとも遅れているかの判断ができる。パーテン（M. B. Parten）は幼児の

一人遊び

psychology

傍観者遊び

遊びを、一人遊び、傍観者遊び、並行遊び、連合遊び、協同遊びというふうに分けた（Parten, 1932）。

はじめに出てくるのが一人遊びで、これは文字通り1人で遊んでいるというもの。つぎに出てくるのが傍観者遊び。これは他の子が遊んでいるのに、それに加わらず、ただそれを眺めている遊びだ。そのあと、他の子とは独立して同じ遊びをしている並行遊びがくる。公園の砂場で、小さい子がワラワラ遊んでいるのをよく見ると、それぞれの子がちょっとずつ離れて別々に、でも同じような遊びをしていることがある。

並行遊び

がある。これが並行遊びの状態で、2〜3歳児に多く見られる。4歳頃になると連合遊びという状態がやってくる。これは並行遊びのように子どもたちが同じ場所で同じような遊びをしているのだけれど、会話をしたり、おもちゃの貸し借りをしたり、ある程度のコミュニケーションが見られるのが特徴だ。まとまって遊ぶというより、なんとなく一緒にいて、時々絡む

協同遊び

chapter 3—「育つ」の扉

といった遊びだ。最後が協同遊びだ。共通の目標をもった複数の子どもたちが、それぞれの役割で、助け合いながら遊ぶ状態だ。ままごとのようなごっこ遊びは、それぞれが役割をもって遊んでいるから協同遊びといえる。

　ごっこ遊びができるようになるには、いろいろな発達が関係している。たとえばちょっと難しい言葉だけど、"象徴の操作"。象徴の操作とは、目の前に実際にないものを頭の中に想像することで、2歳くらいからできるようになる。これは考えてみるとすごい発達だよ。赤ちゃんは、今この目の前の世界しか感じることができないけど、ごっこ遊びができるということは、想像の世界を味わえることを意味しているからだ。赤ちゃんの頃と比べるとものすごく世界が広がったということになる。小さな子が積み木1個をバスやらビルやらに見立てて遊んでいることがあるよね。赤ちゃんだと積み木1個は積み木1個そのものにすぎない。しかし、想像の世界をもてるようになると、同じ積み木を頭の中でバスに変身させることができる。さらにままごとで使うときには、同じ積み木をごはんのおかずにしたり、洋服ダンスにしたりすることもできる。頭の中に想像できるようになると、遊びの世界を広げることができるのだね。だから、ごっこ遊びは、想像力が発達していることの証拠なんだ。

　さらに、ごっこ遊びをするためには、自分と友達それぞれの役割を、お互いに共通のものにしておかなくてはならない。赤ちゃん役の子はまだ歩けなくて、バブバブとしか言えない、お父さん役の子は大人の男みたいなしゃべりかたをしなくてはいけない、といったルールを設定するなどだ。こういった遊びかたができるようになるには、それぞれの役についての知識や、お互いにいろいろなやり取りをするためのコミュニケーション能力も必要になる。

　このように、それぞれの遊びがそれぞれの年齢で適切に行われているかどうかが、発達の目安になるわけだ。

## ⚐6　大人なら突然「腹が立つよね〜」なんて言わないけれど

　さて、唐突な例で恐縮だが、あなたが友達と一緒にどこかへ出かけ、途中でその友達がトイレに行ったとしよう。待っている間、あなたが通りすがりの人からなにか不愉快なことをされて、怒り心頭！となった。このとき、あなたは

psychology

トイレから帰ってきた友達に、コトの顛末を一から説明するだろう。なぜ説明するかといえば、友達はあなたになにがおきたか知らないからだが、言い換えれば、"友達はあなたになにがおきたか知らない、ということをあなたが理解しているから"だよね。

このように、他者の頭の中にあることについての理解や推測を、**心の理論** theory of mind（ToM）という。心の理論は他者との円滑なコミュニケーションには不可欠で、ふつう大人なら当たり前のものとしてもっている。しかし、これも発達とともに備わるものなので、小さな子どもだと事情が異なることになる。

ある程度おしゃべりができるようになった小さな子どもに、突然「昨日、（あなたの知らない）○○ちゃんと遊んだんだ」と言われたら、「○○ちゃんって知らないんだけど、どこの子？」なんて問い返したり、戸惑いつつも適当に調子を合わせたりすることになるだろう。この子の言ったことは、前の段落の例で、トイレから帰ってきた友達に、あなたがなにも説明することなしに「腹が立つよね〜」と言うようなものだ。大人であるあなたは心の理論をもっているのでそのようなことは言わないが、小さな子どもは心の理論をもっていないので、唐突に友達の話をもち出してしまったということになる。

心の理論は、おおよそ4歳〜5歳頃の幼児には備わっていることがわかっている。これくらいになると、自分と友達の知っていることは違う場合もあるということが理解できたり、大人に嘘をついたりといったこともできるようになる。3歳くらいだとまだ心の理論をもつことが不完全なので、友達と遊ぶときに、自分と友達の頭の中の遊びのイメージが違っていたとしてもそれに気づかないで遊び続ける。しかし、5歳をすぎた子どもは、友達と自分とのイメージの違いを知った上で、いろいろと交渉しながら、より複雑で高度なやり取りを含めた遊びができるようになるのだ。

## 友達の移りかわりも発達の印

友人関係の特徴も発達によって変わってくる。今度は発達と友人関係について考えてみよう。

chapter 3─「育つ」の扉

あなたが生まれてはじめて友達とよべる人ができたのはいつ頃のことだろうか。幼稚園時代の後半くらいじゃないだろうか。ではその人生ではじめての友達とは、なにがきっかけで知り合ったか覚えているだろうか。家がたまたま近所だったからとか、幼稚園で毎日顔を見るからというようなことじゃなかったかな？　このようにこの時期に多く見られる友達になるきっかけは、"相互的接近"というものだ。

しかし、友達になる理由やきっかけは、年齢が上がるにしたがって変化してくる。小学生になると、クラスのみんなに好かれるようなタイプの人気者がいただろう。小学校の頃には相互的接近より"有機的好感・同情・愛着"の要因の方がはるかに多くなる。これは、好感がもてるからとか、明るいから、というような理由のことだ。

小学生でも高学年になると、いつも一緒にいる友達というのができることが多い。その友達は決まったメンバーからなる数人の集団のこともある。これを"ギャング集団"なんてよぶことがあるけど、それは仲間だけに通用するルールや約束事があったり、仲間以外の人には閉鎖的な態度をとったりすることがあるからだ。このギャング集団を作ることにも、発達的な意味がある。ギャング集団は、子どもにとっては"はじめての社会"といえる。その中でそれぞれの役割を担いながらコミュニケーションを行うという経験は、社会性の発達にとってとても重要だ。いざこざやケンカもおこるけれど、そういった経験も、社会の中でのふるまいかたを学ぶ重要な機会になる。

また、この頃から、親よりも友達にいろいろな悩みを打ち明けるようになる。親子関係よりも、友達関係の方がだんだん大切になってくるのだね。あなたもそうじゃなかったかな？　だから、もしこの時期に仲間はずれにされてしまうようなことがあると、自分の拠り所を得られなくなってしまうから大変だ。それでこの時期には、無理してでもまわりの友達の行動に合わせてしまうこと（同調行動）が多く見られる。学校の行き帰りも一緒、トイレに行くのも一緒、気が進まなくても一緒に遊ぼうと誘われたらそれにつきあう、なんていうのがその例だ。

小学校時代の終わりくらいから、友達になる理由として"人格的尊敬・共鳴"というものがどんどん増えてきて、中学以降になるとこれが最も多くなる。た

psychology

またま家が近所だったから、なんとなく好感がもてるからから、というような曖昧なものではなくて、その人のことを尊敬できるから、その人とはとても深くわかり合えるから、というマジメな理由で友達を選ぶようになる。あなたの中学や高校時代の友達、とくに現在まで関係が続いているような友達なら、あなたはその人のことをどこか尊敬しているか、その人とは腹を割ってなんでも話し合える関係にあるのじゃないだろうか。そんな友達がいたら、ずっと大切にするといいよ。

## 8 心が大人になることとは？

　大人になるってどういうことだろう。もちろんここでは体のことではなくて心のことだ。この質問にたいする答えが1つに絞れるわけではないが、ここでは重要なことを1つ取り上げよう。それは"自分らしさ"だ。心が大人になることの1つに、自分らしさを見つけるということがある。

　では、自分らしさってなんだろう？　自分らしく生きる、ってどういうことだろう？

　自分の就きたい職業に就くこと？　自分の好きな人と一緒に過ごすこと？　自分の信念や価値観を貫き通すこと？

　確かにこれらはすべて自分らしさの一部ではある。でもこんな調子で挙げていったら、他にもいっぱいあることになる。自分の信仰を守ること、自分の趣

chapter 3—「育つ」の扉

味に没頭すること、自分の食べたいものにこだわること、自分に似合う服を着ること、自分に似合わない服を着ないこと、自分の就きたくない職業に就かないこと……。これでは自分らしさの本質がわかりにくい。

　そこで心理学では、自分らしさというものを**アイデンティティ** identity という言葉でくくり、さまざまな議論を続けている。この言葉の意味は、とても奥が深い。アイデンティティ研究の第一人者である鑪（たたら）（2002）によると、"自分とは何者か、自分の由来、現在、そして未来はどのようになっていくのかについて答えを見い出そうとする心の動き"が アイデンティティだ。なに、難しい？　そうそう、とっても難しいんだよこれ。もう少し具体的に言い換えると、①社会の中で"これが自分だ"というようなものを自分で見つけ出しているか、②社会の中での自分というものを意識して考えているか、③"これが自分だ"というようなものについて、社会もそれを認めてくれているか、こうした感覚があれば、アイデンティティをもっているということになる。

　これでもまだ抽象的で少々難しいので、例として、日本人としてのアイデンティティということを考えてみよう。

　あなたが海外旅行に出かけたとしよう。すると、まわりは自分とは違う人ばかりだ。見た目が違う、言葉が違う、常識が違う、文化が違う。ふだんあなたは、自分が日本人であるということをそれほど意識していないかもしれないが、海外に出るといやが応でも、自分は日本人であるということを意識させられるだろう。さらに、外国の人から「日本はどんな国なんだ？」とか「日本人であるあなたはこのことをどう考えるか？」という意見を求められれば、"日本人としての私"という感覚が芽生えるはずだ。

　そして、自分の考える日本という国を明確に意識し、日本人としての私はどうあるべきか、これが日本人のやりかただ、という具合に自分の考えをしっかりともとうとする。さらにそれが正しく外国の人にも理解されることで、日本人としてのアイデンティティというものが明確になる。

　もちろん最初の例に出した職業を選択することも、アイデンティティに関わるものだ。職業を通してのアイデンティティも非常に重要だ。あなたも、自分が「これだ！　これが自分のやりたいことだ、自分らしい生きかたのできる職業だ」という職業を見つけるためにいろいろ模索していくことだろう。だけど、

psychology

そういった職業を見つけても、まわり（社会）が「あなたには向いてないよ」というふうに評価すれば、その仕事には就けない。働きたい会社があったとしても、採用試験に合格しなければその会社には入れないよね。就職面接などで他者から認められて、はじめてあなたのやりたいことが実現できる道が開かれる。自分の希望と社会の受け入れ。この2つがピッタリなじむと、職業を通したあなたのアイデンティティの感覚をもつことができる。そんな職業、あなたにも見つかるといいね。

"自分探し"という言葉があるけど、これを心理学の言葉に置き換えれば、アイデンティティを探求することに他ならない。

## 9　親らしさを身につける予習──養護性の発達

あなたは、赤ちゃんや幼い子ども、あるいは小さな動物を見て「かわいい！」ってよく思う方かな。このような思いのことを"母性"または"父性"と表現する。母性本能をくすぐるとか、母性的な雰囲気をもっているとか、どちらかというと母性の方が耳にすることが多いだろうけど、父性という言葉もあるんだよ。

また、赤ちゃんをかわいいと思う気持ちの程度は、いつも女性の方が男性より高いというわけではないことがわかっている。それから、若いときは子ども嫌いだった人がずっとそのまま子ども嫌いだともかぎらない。実際に赤ちゃんとふれあう機会が多い男性であれば、機会の少ない女性よりも赤ちゃんへの愛情が高くなることがあるんだ。赤ちゃんをかわいいと思う感情は、経験によって発達するということだね。

このような背景もあって、赤ちゃんへの愛情を、最近は母性や父性でなく、**養護性** nurturance と表現することがある。養護性には、自分の子どもだけでなく、小さいものや弱いものをなんとかしてあげたいという思いも含まれている。私たちはずっと幼い頃から、自分より小さな子どもと遊んだり、動物をかわいがったり、困っている人を助けたりという経験を重ねて養護性を少しずつ育んでいるが、これが親らしさを身につける予習のようなものになっている。

さて、「子どもが大好き！」と言う人もいれば、反対に、「子どもなんてまったく興味なし、自分には母性も父性も無さそう……」と思っている人もいるだ

ろうね。あなたはどうだろう？

　ではここで、あなたの赤ちゃんにたいする愛情の程度（これも親らしさの一部）を測ってみよう。これは花沢（1992）によるテストだ。

**1** まず、赤ちゃんを頭に思い浮かべよう。

**2** つぎの表の項目についてどのような感じがするだろうか。当てはまる数字を各項目の横に記入してほしい。

「**非常にそのとおり**」→「**3**」を記入
「**そのとおり**」→「**2**」を記入
「**少しそのとおり**」→「**1**」を記入
「**そんなことはない**」→「**0**」を記入

| 1 | あたたかい | | 2 | よわよわしい | |
|---|---|---|---|---|---|
| 3 | うれしい | | 4 | はずかしい | |
| 5 | すがすがしい | | 6 | くるしい | |
| 7 | いじらしい | | 8 | やかましい | |
| 9 | しろい | | 10 | あつかましい | |
| 11 | ほほえましい | | 12 | むずかしい | |
| 13 | ういういしい | | 14 | てれくさい | |
| 15 | あかるい | | 16 | なれなれしい | |
| 17 | あまい | | 18 | めんどうくさい | |
| 19 | たのしい | | 20 | こわい | |
| 21 | みずみずしい | | 22 | わずらわしい | |
| 23 | やさしい | | 24 | うっとおしい | |
| 25 | うつくしい | | 26 | じれったい | |
| 27 | すばらしい | | 28 | うらめしい | |
| | 接近得点の合計 | | | 回避得点の合計 | |

psychology

3 奇数の項目につけた数字の合計（接近得点）を求める。
4 偶数の項目につけた数字の合計（回避得点）を求める。

　接近得点は、「赤ちゃんに近づきたい」と思う程度を、逆に回避得点は「近づきたくない」と思う程度を意味している。この2つの得点を下の式に当てはめて、拮抗指数を算出してみよう。

$$拮抗指数＝回避得点／接近得点×100$$

　この拮抗指数が100に近いほど、赤ちゃんに近づきたい思いと避けたい思いが拮抗している（同じぐらいでせめぎあっている）ことになる。100より大幅に小さい場合は、接近したい思いが強いわけだね。反対に100より大幅に大きい場合は、赤ちゃんを回避したい思いが強いということだ。あなたの拮抗指数はどうだったかな？　この指数が大きい、小さいからといって、嘆いたり、過度に喜んだりは禁物だよ。これはあくまで現在のあなたの思いを反映しているだけで、今後変わるかもしれないからね。たとえ今のあなたが赤ちゃんにあまり近づきたいと感じていなかったとしても、いい母親、いい父親になれないというわけではない。前に述べたように、そしてつぎでも述べるように、母性や父性も含めた親らしさというのは、親になってから発達する部分が大きいからね。

## 子育ては、親育て

　人の親になること、親としてふるまうことも発達と深い関係がある。唐突だけど、あなたはもし今自分に子どもが生まれたら、ちゃんと親らしくふるまうことができると思うかい？　「ムリムリ、人の親になるなんて。どっちかっていうとまだ子どもに近いくらいだし」なんて思う人の方が多いかもしれないね。
　ではちょっと質問を変えてみよう。あなたのご両親は、あなたが生まれたとき、親としての能力を身につけていただろうか？
　なかなか想像がつかないかもしれないけど、きっとあなたのご両親も、今の

あなたくらいの年頃には、親になる自信なんか無かったことだろう。それどころか子ども嫌いだったかもしれない。最初の子ども（あなたか、あなたのお姉さんかお兄さん）が生まれたときも、きっとオッカナビックリだったはずだ。でも、そこからいろいろ大変な思いや経験を重ねながら、だんだん親らしくなっていったのだ。これはあなたのご両親だけでなく、親になったほとんどの人に当てはまることだ。

発達心理学では、人間には母性本能のようなものがある、という考え自体を疑わしいとみなしている。人間には親としての能力は生まれつき備わっているのではなく、前に紹介した養護性をベースに、次第に発達していくものと考えているのだ。

人間以外の哺乳類には母性本能がある。イヌでもネコでも、子どもが生まれたら、おっぱいをあげたり、きれいになめたり、外敵から守ったり、親らしい行動がすぐにできる。誰かに教えてもらったわけでも、育児雑誌を読んで勉強したわけでもないのに、ちゃんと親としての能力が完成されている。でも、人間の場合は、元々親としての能力や資質をもっているわけではない。子どもが生まれて実際に親になってから、子育ての中で多くの経験を重ねることによって、親としての必要な能力（親らしさ）を身につけていく。子育ては、"親育て"でもあるんだよ。親らしさは、子育てや前に紹介した親子の絆などを通して発達していくということだ。

じゃあ、親になってからは、とくにどんなところで発達が見られるのだろうか？　柏木と若松（1994）が6つにまとめているものを紹介しよう（79ページ表）。あなたのご両親にも聞いてみれば、きっと納得してくれると思うよ。

6つのうちの1つ目は"柔軟性"だ。「子どもができると人間が丸くなる」なんてよく言われるよね。2つ目は"自己抑制"。子どもをもったことで他人の立場や気持ちをくみ取れるようになるとか、自分の欲しいものを我慢できるようになるとかいうものだ。若い人は自分が欲しいものを簡単には我慢できないかもしれないが、親になるとほとんどの人にこういう変化が出てくるのだよ。

3つ目は"視野の広がり"だ。親になると今まで関心のなかった事柄（たとえば、経済、福祉、教育問題など）に関心が出てくる。若いときはこういった問題が遠くに感じられる人が多いだろうけれど、親になると興味をもちはじめ

## 「親となる」ことによる発達（柏木・若松、1994）

| | |
|---|---|
| 柔軟さ | 考え方が柔軟になった<br>他人に対して寛大になった<br>いろいろな角度から物事を見るようになった |
| 自己抑制 | 他人の迷惑にならないように心がけるようになった<br>自分のほしいものなどが我慢できるようになった<br>自分の分をわきまえるようになった |
| 視野の広がり | 環境問題（大気汚染、食品公害など）に関心が増した<br>児童福祉や教育問題に関心をもつようになった<br>日本や世界の将来について関心が増した |
| 運命・信仰・<br>伝統の受容 | 人間の力を超えたものがあることを信じるようになった<br>信仰や宗教が身近になった<br>物事を運命だと受け入れるようになった |
| 生き甲斐・<br>存在感 | 生きている張りが増した<br>自分がなくてはならない存在だと思うようになった |
| 自己の強さ | 多少他の人と摩擦があっても自分の主義は通すようになった<br>自分の立場や考えはちゃんと主張しなければと思うようになった |

るということだね。4つ目は "運命・信仰・伝統の受容" だ。運のめぐり合わせを考えるようになったり、宗教上のしきたりや儀式的行為を受け入れるようになったりということだ。たとえば、七五三や成人式、入学式などは、形式ばかりでめんどうくさそうなんて思う人もいるだろう。でも、あなたのご両親や、おじいちゃん、おばあちゃんが、あなたの入学式や七五三のときに感慨深そうにしていなかったかい？　それはきっとあなた自身の何年か後、何十年か後の姿だよ。

　5つ目は "生き甲斐・存在感" だ。自分が生きていく張りができるとか、長生きしなくてはいけないと思うようになるとかいうものだ。子どもや家庭といった守るべきものができると、「自分はなくてはならない存在だ」という認識が出てくるわけだ。最後の6つ目は "自己の強さ" だ。自分の立場や考えを主張する、めんどうでもやらねばならないことをやり遂げるようになるなどだ。自分の子どもがいじめられたとき学校の先生に抗議する、児童手当を得るため

chapter 3—「育つ」の扉

にめんどうでも役所に申し出るなど、行動が積極的になる。なにも主張しないと自分の子どもが不利益をこうむる状況に追い込まれるとなると、たとえ引っ込み思案の人でも「自分は引っ込み思案だから主張するのは苦手で……」などと言っていられなくなるのだよ。

このような親としての発達も、青年期以降、年齢を重ねていくことで得られるプラスの方向の発達の１つと考えてよい。

 成人期以降の生きがい

ここまで、赤ちゃんから人の親になるまでの発達を紹介してきた。

はじめの方で、生涯発達心理学という言葉を紹介したように、人間の発達は生涯にわたって続く。だから、一人前の大人になったあとでも発達が止まるわけではない。最後に、いわゆる中年期以降の発達について考えてみよう。

長年働いてきたサラリーマンが、定年後は自分らしく過ごすために、なにがしかの生きがいを見つけようとする、子育てをし終えた専業主婦の人が、自分の生きがいを見つけようと新しい仕事をはじめた、なんていう話をよく聞くだろう。

仕事も一生懸命やってきてそれなりの達成感がある。老後もそれほどの心配はなさそうだ……。こういう状態で定年を迎えられるような人にたいしては、「もうのんびり暮らすだけだからいいなあ」なんて思える。子どもが自立して、もう子育ての必要がないような専業主婦の人にたいしても、趣味や旅行にたっぷり時間が使えてうらやましい、なんていう気もする。

ところが、Chapter 6（悩む）にも出てくる話だけど、職業をもっている人にも専業主婦の人にも、中年期あたりから、自分の人生についての問い直しや、なんらかの深刻な問題に向き合わないといけなくなることがある。そのきっかけは、自分や家族の病気・事故であったり、仕事や家族間のややこしいトラブルであったり、若い頃の価値観ではうまくやっていけなくて困惑したり……とさまざまだが、これらによって、再びアイデンティティの探求が行われることになる。自分にとってほんとうに幸せな状態とはなにか、今までの自分は間違った道を歩んでいたのではないか、自分はほんとうの自分を生きてこなかっ

たのではないか……。それまでの自分を振り返りながら、時には過去の自分を否定しながら、悩み苦しみながら、より深化した自分らしさを探し求める。そして、これまで自分が没頭してきた職業や子育て以外の生きがいを見い出そうと模索する。生きがい探しとは、それまでの自分から新しい自分へとバージョンアップしようという行為にほかならない。あなたのご両親もそうした生きがいを今探しているところなのかもしれないよ。

　今のあなたにとっては、中高年の生きがい探しなんてさきの話、ピンとこないだろうね。今は、進路の選択、自分の特技や趣味を充実させること、恋人を見つけることなどなど、目先の目標をなんとかすることで目一杯だろう。もう少しさきのことを考えても、仕事上の成功や、結婚して家庭を維持することなどが目標となるだろう。強いていえば、これらが当面のあなたにとっての生きがいといえる。

　このように、若いうちは、わかりやすい生きがいがある。しかし、中年期くらいになると上に挙げた目標はだいたい達成されてしまっているから、かえって生きがいを見つけにくくなる。それどころか、仕事を引退した人や、子どもが自立してしまった専業主婦の人の中には、"生きがいを見失う"なんて人も出てくる。のんびり暮らす、趣味や旅行を楽しむ、なんて簡単にはいかないのだ。楽しいのは、なにがしかの生きがいがあって、時々のんびりしたり遊びに行けたりするような場合だろう。

　だから、中年期以降の自分らしさの再発見や生きがいの模索というのは、とても苦しくて難しい。でも、生きがいを模索するはたらきがあるということ自体が、人間は大人になったあとでも発達し続けるものだってことをあらわしている。

　もう身長も止まって、発達はほとんど終わったと思っていたであろうあなた。繰り返すけれど、発達の道に終わりはないのだよ。


## おわりに──人間はどこまで育つのか

　この章では、赤ちゃんからはじめて、あなたのお母さんやお父さんくらいの年齢までの発達を紹介してきた。以前の自分を振り返りながら、未来の自分を

chapter 3──「育つ」の扉

# 生きている限り発達は続く

想像しながら読んでもらえたかな？

　さて、人間は発達し続けるものだ、ということを繰り返し述べたけど、じゃあ一体人間はどこまで発達できるのだろうか？　このヒントになると思われるのが、マズロー（A. H. Maslow）という有名な心理学者の理論だ。マズローの名前は、高校の現代社会の教科書にも出てくることがあるから聞いたことがあるだろう。マズロー（1971）は、"自己実現"とか"成長欲求"という言葉を使いながら、いわば"自己実現的人間"の特徴やそれにつながる行動の例を説明している。ぜひ一度はマズローの考えも学んでみてほしい。

　自己実現的人間……なんて話はあまりに遠大でピンとこない、赤ちゃんの話の方がおもしろそう、という人はぜひ赤ちゃん研究の勉強をしてみよう。赤ちゃん学では新しい発見がどんどんされているからびっくりすることがいっぱいある。

　もちろん他のテーマでもかまわない。人間の発達を学べば学ぶほど、人間の不思議さやおもしろさに感激して、人間の見かたが変わるだろう。約束するよ。


**お薦めの本　➤➤➤━━━━━➤**

◉ **小野寺敦子『手に取るように発達心理学がわかる本』かんき出版（2009）**
　発達心理学の概要が、親しみやすい挿絵を交えながら紹介されています。読み取りの難しい図表はほとんどなく、入門には最適な一冊です。

◉ **坂上裕子・山口智子・林創・中間玲子『問いからはじめる発達心理学──生涯にわたる育ちの科学』有斐閣（2014）**
　上の本よりもやや学術的な展開となっていますが、発達心理学の代表的な領域が人生の段階ごとに紹介されています。上の本である程度の概要をつかめたあとにこちらの本を手に取ると、より先端の話を理解できます。

chapter 3─「育つ」の扉

83

## 子育てのジェンダーバイアス

　この章では人が育つことについて説明しているが、ここでは"育てる"人について考えてみよう。育てるというと、どんな場面を思い浮かべるだろうか。おそらく多くの人がイメージするのは、女性が子どもを世話しているような場面じゃないだろうか。でも、妻を亡くしてシングルファザーとなった男性が子育てをする様子を調べた研究によると、そのような男性は一般的な母親とほぼ同じあやしかたや声かけのしかたで子育てを行っていることがわかっている。子育ての資質は女性だけにあるのではなく、男性も経験次第で女性と同じように子育てができるということだ。

　最近私がちょっと感激した光景を紹介しよう。繁華街の駅のエレベーターに乗っているときだった。そこには30代前半くらいの外国人男性が1人いた。そこに、同じくらいの年齢の別の外国人男性が、抱っこ紐で赤ちゃんを胸の前に抱えて乗り込んできた。2人は知り合いらしく、親しそうに会話をはじめた。私が感激したのは、彼らが2人ともイケメンだったから……ではなく、赤ちゃんを抱っこした男性が堂々としていて、とても自然でスマートで、すこぶるカッコよかったからだ。

　日本人男性がこれと同じようにしている場面を見ることがどれくらいあるだろう？　近所の保育園へ送り迎えをしているところなどでまれに見かけることはあるかもしれないが、都会の街中で見かけるなんてことはほとんどないだろう。もちろん日本人女性が同じようにしている場面なら少しも珍しくない。日本人の場合は、育てる人の性に大きな偏り（ジェンダーバイアス）があるのだ。

　アメリカでも少し前までは日本のようなジェンダーバイアスがあり、現在も完全に解消されたわけではないが、父親も母親と同じように子育てや家事に関わることが一般的となってきている。日本でも私が感激した光景が"ふつう"になったらいいなと思う。そのためには男性も子育てを、女性も子育て以外の社会的役割を主体的に担う意識をもつ必要がある。

## 発達障害

"発達障害"はテレビや新聞でもよく取り上げられるので、聞いたことがある言葉だろう。**発達障害** developmental disability、developmental disorder は専門的にはいろいろな使われかたがされているが、発達障害者支援法（2004年制定）で発達障害とされているものは、**自閉スペクトラム症** autism spectrum disorder : ASD、**注意欠如・多動症** attention-deficit /hyperactivity disorder : AD/HD、**学習障害** learning disability、learning disorder: LD の主に 3 つだ。

ASD は、他の人との情緒的な交流ができない、冗談が通じない、視線を合わせないなど、コミュニケーションを行うことが非常に困難で、"空気が読めない"ことを極端にしたような感じだ。また、決まりきった習慣に固執し、興味の範囲が狭くて深いという特徴もある。女の子より男の子に多く見られる。AD/HD は、集中力がない、じっとしていられない、衝動的に行動する、というのが特徴だ（"落ち着きのない子"の極端な感じ）。LD は、全般的な知的発達の遅れがあるわけではないのだが、読む、書く、計算するといった基本的な学習の中で、特定の学習の習得に大きな困難を示すというものだ。どの障害についても、原因は脳の機能不全にあって、親の育てかたに問題があるとか、本人の努力不足のせいなどではないことがわかっている。

発達障害の特徴が明白な場合は、健常者から見ると異様に感じられることがある。でも、どの障害の特徴にも濃淡（スペクトラムという）があり、発達障害という診断を受けていない人でも、発達障害の"薄めの特徴"をもっている人もいる。そもそも健常者とされる人であっても、それぞれにはさまざまな個性があって、それらは好ましいものばかりとはかぎらない。誰でもなんらかの薄めの特徴をもっているといえるわけで、そんな多様な人たちが共存しているのがこの世の中だ。こんなふうに考えながら、障害をもつ人のことを理解してほしい。

chapter 3―「育つ」の扉

# 「学ぶ」の扉

 はじめに
　──学習＝学校の勉強、じゃない

　心理学では"学ぶ"ことに関わる行動は、**学習 learning** というテーマで研究されている。"学ぶ"とか"学習"と聞くと、教室や自室の机の前に座って方程式を解いたり、歴史年号を暗記したり、英文の読解に悩んだり……と一生懸命勉強しているシーンを思い浮かべる人も多いのではないかな？　つまり、学習＝勉強、というイメージをもっているんじゃないだろうか。さらに連想は広がるかもしれない。学習＝勉強＝つまらない＝好きなことをする時間がなくなる＝そんなことしていったいなんの役に立つの？　そんな話ならこのテーマ読むのやめる！

　いや、ちょっと待ってほしい。もちろん、心理学者は効率的に勉強するための方法も研究している。しかし私たちは生まれてから死ぬまで、それこそ一生をかけて、教室や机の前以外の場所で、ものすごーく多くのことを学ぶ。学校での勉強は大切だ。だけど、勉強というのは心理学者が考える学習のほんの一部にすぎない。

　事実、あなたはこれまでに学校以外の場所でたくさんのことを学んできたはずだ。言葉や文字、トイレでの用の足しかた、箸のもちかた、自転車の乗りかた、一般常識、スマホの使いかた、トランプやオセロのルール、人づきあいのしかた、嘘のつきかた……。数え上げればきりがない。これらの中で、あなたが生まれながらにしてできたこと、つまり、学ぶことなしにできたことなど、1つ

chapter 4―「学ぶ」の扉

87

もないだろう。

　というわけで、この章では、あなたが思っている以上に範囲が広い"学ぶ"という重要な行動を取り上げよう。

##  心をもったロボットの作りかた

　「どうしていきなりロボットが出てきちゃうの？」って声が聞こえてきそうだ。でも、心をもったロボットを作ることと学ぶことの間には、ちゃんと関係がある。寄り道のようだけれど、学ぶということを深く考えるために、ロボットの話からはじめよう。

　のび太くんの家に居候している青いネコ型ロボット、ドラえもんは、未来のひみつ道具でのび太くんを助けてくれる。ドラえもんは心をもっているロボットといっていいだろう。マンガやアニメの設定では、2112年生まれ。今から約100年後だけどその頃には心をもったロボットは当たり前の存在になっているのだろうか……。少なく

とも現代の私たちの周囲ではまだ一般的ではないが、心をもったロボットや人工知能の実現は、世界中の研究者の夢であり、目標だ。

　それでは私たちも考えてみよう。どうやって心をもったロボットを作る？たとえばこんなふうに考えてみたらどうだろう。昔から、「人の心には、"知・情・意"が備わっている」と言われてきた。だから、この３つをロボットにインプットしてやれば、うまくいくのではないだろうか？　駅前に最近おしゃれなカフェができた、なんていう知識（知）。気になっていたあの子が笑顔で手を振ってくれたときに感じる「恥ずかしいな、でもうれしいな」という感情（情）。明日はあの子をデートに誘って、例のカフェに行くぞ！という意志（意）。このような、知・情・意がセットになったリストを作って、ロボットにプログラムする。そしていよいよスイッチ・オン。さあ動け、ロボットくん！　でもこのような方法ではうまくいかない。なぜだろう？

　まず、この世界でおこりうるすべての物事にかんする知識をリストアップし、さらにそのリストの全項目について、いちいちこのロボットがどのような感情を抱き、どのようにふるまったらいいのかプログラムを書いていく、なんてことをしようとしたら、気の遠くなるほどの時間が必要だ。あなたが一生をかけたとしても、全然時間が足りない。さらにやっかいなことに、この世界は常に変化している。だから"今、ここ"で通用することが"未来の、どこか"で通用するとはかぎらない。駅前のおしゃれなカフェがつぶれて、そこは駐車場になってしまうかもしれない。巨大な石でできたお金は、大昔の南の島では貴重だったかもしれないけれど、現代の日本では子どものおこづかいにもなりはしない。考えてみれば、今から10年前の21世紀のはじめ頃には、LINEはまだなかったし、Twitterも一般的ではなかった。それだけ世の中は変化しているってことだ。つまり、あらかじめロボットがどのように行動したらいいのかをすべてプログラムすることは不可能なんだ。では、どうすればいいか。

　勘のいい人はもう気づいたかもしれない。まだピンと来てない人は、この章のタイトルを思い出してほしい。そう、ロボットが生活する上で最低限必要の、基本的なことだけにかぎって、こういう場合にはこのように行動する、というプログラムを作り、インプットしておく。だけど、このプログラムだけではロボットが自分の身のまわりの変化に柔軟に対応しながら生きていくためには、

chapter 4—「学ぶ」の扉

とてもじゃないけれど不十分だ。だから、さらに必要となる行動は、ロボットが実際にこの世界の中で生活し、そこで出会うさまざまな人や経験から新しく身につけ、あるいはすでにもっている行動をうまく調節して間に合わせる、という方法がいい……っていうか、それしか方法はない！　そう、ロボットに自分でいろんなことを学んでもらおうってわけだ。

このような学習の原理は、最近精度が急速に向上しているインターネットの自動翻訳サービスや、囲碁や将棋のトップ棋士に匹敵するコンピュータプログラムなど、最新鋭の人工知能に活用されている。ドラえもんのような、心をもったロボットや人工知能が私たちの暮らしの中に当たり前に存在する、そういう未来はそう遠くはないのかもしれないね。

 生まれつきの行動と学ばれる行動

さて、ロボットや人工知能の話はこれくらいにして、自然知能、つまり、私たち人間の行動について考えてみよう。私たちの行動は、"生まれつきプログラムされたもの"と、経験によって身につけたもの、つまり、"学ばれたもの"との2つに大別される。私たち人間を含む地球上のあらゆる動物は、両方のタイプの行動をうまく組み合わせることで生きている。

動物は**遺伝子** gene を使って、親から子、子から孫へとさまざまな情報を伝えていく。遺伝子には、肌や瞳や体毛の色、顔つき、身長や体重、視力や筋力や持久力……といったいろんな情報が書き込まれている。このような情報は、身体の特徴を決め、その身体に性能を与えるためのレシピだ。しかし、遺伝子には、"行動を作り出すためのレシピ"も書き込まれている。これはロボットでいえば、「こういう場合には、このように行動せよ」というプログラムにあたる。このような生まれつきの行動を、**生得的行動** innate behavior という。

思いがけず熱い鍋に手を触れてしまったら、その手をとっさに引っ込めるよね。これは**反射** reflex の1つ（屈曲反射）で、生得的行動の一例だ。また、大人が小さい子どものクリッとした大きな目や広いおでこを見たときに「かわいいな、守ってあげたいな」と感じることも、人間が生まれつきもつ生得的行動だ。これは反射よりも複雑な**本能行動** instinctive behavior の一例だ。

psychology

反射や本能行動は、私たちが生命を維持し、子孫を残していくための基礎となるものだ。私たちがひどい火傷にならずにすんだり、小さな子どもを守り育てようという気持ちになったりするのは、このような生まれつきの行動を備えているおかげだ。

　しかし、人間は生まれつきの行動だけではうまく生きていくことができない。ロボットが人間のように行動するためには、あらかじめ準備されたプログラムだけでは不十分だったことを思い出してほしい。"はじめに"で学習の例に挙げた行動はどれも重要なものだけど、反射や本能行動とは違って祖先から遺伝的に受け継いだものではない。すべて生まれてから学ばれたものだ。絶えず変化するこの世界の中で、上手に、より豊かに生きていくためには、この学ぶという能力が不可欠なのだ。

 一発OK！の学習、時間がかかる学習

　学習というとコツコツ時間をかけなくちゃいけないとか、集中力が必要と思われがちで、どうしても地道なイメージがつきまとう。しかし、あっという間に完成する学習もある。一例を紹介しよう。

#### ◆ プチ実験-1

　少しの間、右の絵を眺めてほしい。でたらめな白黒模様に見えるかもしれないけれど、あるものが描かれている。なんだと思う？

（R. L. Gregory, 1970）

chapter 4 ―「学ぶ」の扉

91

じつはこの絵には、ダルメシアン犬が地面を嗅ぎながら歩いている様子が描かれている。なにが描いてあったかさっぱりわからなかった人も、イヌ以外のものが見えたって人も、"イヌ"という答えを聞いて「なるほど」と思ってもらえたかな？

　ではこの絵をもう一度見てほしい。今度はダルメシアン犬以外のものには見えなくなってしまったんじゃないだろうか。いったん、「イヌが見えた！」という経験をしてしまうと、今度はイヌ以外の印象が浮かばなくなってしまう。これは一発 OK！の学習といえる。

　これとは逆の、長い時間がかかる学習を見てみよう。代表的なものが、**言語** language の習得だ。赤ちゃんは生まれたときから好奇心のカタマリで、五感（見る、聞く、嗅ぐ、味わう、触る）を使って自分の周囲の世界がどうなっているのか知ろうする。赤ちゃんをよく観察してみると、家族、とくにお母さんの声を聞きながら自分でもいろんな声を出そうとしていることに気づく。耳で聞いたことを自分の声として発することができるようになる、というのも立派な学習だ。

　0 歳の赤ちゃんはすでに言語の学習のスタートを切っている。母音の発声は「ア」からはじまって、つぎに「ウ」「エ」が言えるようになる。「イ」や「オ」を正確に声にできるようになるのは 1 歳半くらい。「ア・イ・ウ・エ・オ」と声に出すのはものすごく簡単に思えるが、赤ちゃんが実際にこれを身につけるためには、けっこう長い時間がかかるってことだね。

　語彙（ボキャブラリー）は 1 歳半くらいからその数がぐんぐん増えていく。この頃の赤ちゃんは 50 から 60 語くらいの語彙しかもっていないが、3 歳前後になると爆発的に増加し、その数は約 1000 語にも達する（ちなみに、英単語で 1000 語のレベルというと、英検 4 級から 5 級に相当する）。4 歳をすぎる頃には"たべる"と"食事する"、"とぶ"と"飛行する"は同じ意味だ、というような言葉と言葉の間の"＝"の関係を学ぶ。ここまでくると、大人とも言葉を使ったコミュニケーションが十分に可能だ。その後も、諺とか TPO に応じた言葉づかい（たとえば敬語）など、より複雑で難しい単語や文法を学ばなくてはならない。言語の学習はこの世に生まれた瞬間、0 歳からはじまる英才教育のようなもので、膨大な時間を要する一大プロジェクトなんだ。

psychology

楽器演奏やスポーツ技能を身につけることも、かなり時間がかかる学習だ。どんなにすばらしいミュージシャンや一流のアスリートも最初は下手くそで、日々の地道な練習の積み重ねでだんだん上達していったはずだ。楽器にしても、スポーツにしても、練習の積み重ねを通じて学習しているのは、身体をどのように動かすかということだから、このような学習は、**運動技能学習 motor skill learning** とよばれる。

　運動技能学習は長時間の練習が必要だから、根気のない人にはちょっとツライ。でも効率的に行う方法もある。それは、最終的に身につけたい技能を"小さな目標（スモール・ステップ）"に分解して練習を進めていくことだ。いきなり最終目標に到達するのは不可能だから、最初はごく簡単な目標（ステップ）を設定し、それをがんばってクリアする。そしたら、さらに少しだけ難しくしたつぎのステップを定める。それをクリアしたらまたつぎのステップを定めて……ということを繰り返すんだ。たとえばピアノの初心者が曲を弾く練習をするときには、まず右手のパートだけを練習し、つぎに左手のパートだけを練習し、最後に両手の動きを合わせた練習をする。初心者は一曲を完成させるためにたくさんの小さなステップを設定しなくてはならないし、1つ1つのステップをクリアするために多くの時間がかかるだろう。しかしこのようにして何曲も弾けるようになっていくうちに、1つのステップをクリアするための時間も短くなり、設定するステップの数も少なくてすむようになってくる。これも学習の効果だ。

　おもしろいことに、言語の学習や運動技能学習は、大人よりも子どもの方が上達が速いことが多い。大人になってから外国語や楽器を習いはじめたりするのがちょっと大変なのは、大人はすでに母国語や身体の動かしかたをかなり強固に学習してしまっていて、それが新しい言語や動作の学習を邪魔するからだ（しかし、もちろん不可能ではない。努力して外国語や楽器演奏を身につける大人はたくさんいる）。

「Eureka（エウレカ）（おお、これだ）！」

　さて、ちょっとややこしいが、一見短時間で完成するように見えるが、じつ

chapter 4 ―「学ぶ」の扉

はそうではない学習もある。それは"ひらめき"というヤツだ。心理学では**洞察学習** insight learning とよんでいる。

　古代ギリシャの数学者アルキメデスは、お風呂で体を湯船に浸からせたとき、あふれ出たお湯を見て、「Eureka（おお、これだ）！」と叫び、アルキメデスの原理をひらめいたと伝えられている。ニュートンの伝記にも、リンゴの実が木から落ちるのを見て万有引力の法則をひらめいた、っていうエピソードが必ず紹介されているよね。これらのエピソードがほんとうに史実としてあったのかどうかはともかく（後世作られた伝説という説もある）、偉大な発見や創造は、このようなひらめきによってもたらされたものが少なくない。

　ひらめきと学習は、一見、正反対のように思える。だけどこの両者はほんとうは密接に関係している。あなたにも経験があるだろうけど、すばらしいアイデアをひらめく瞬間というのは、なにかについて一生懸命考えて、考えて、考えて、考え抜いて、でも答えにたどりつけず、「ちょっと休憩でもしようかなぁ」なんてふっとリラックスしたときだったりするよね。アルキメデスもお風呂に入ってリラックスしていたのかもしれない。ニュートンが万有引力の法則を発見したのも、当時ペストが流行していた都会を離れて、のどかな故郷の田舎に避難している間のことだった。

　このホッとしているとき、人は意識的にはその問題から離れているつもりでいる。しかし、意識の底ではその問題を放り出しているわけではない。問題解決への努力は意識下、すなわち**無意識** unconscious のうちにずっと続いていて、粘り強く答えを探しているんだ。そのプロセスの中で「この方法もダメ、あの方法もダメ」と、試行錯誤の学習が積み重ねられていく。そして、あるときちょっとしたきっかけで、アルキメデスのように「おお、これだ！」と正解にたどりつく。本人に意識されるのはこの最後の瞬間だけだから、すばらしいアイデアが突然頭に浮かんだように感じられるというわけだ。

　天才だからひらめいた、というより、ふだんから地道な学習を積み重ねることができる人が天才なのかもしれないね。

### ◆ プチ実験 -2

　身体の動かしかたの学習を、実験で観察してみよう。

psychology

1. コンビニかスーパーで500mlのパック飲料を1つ買ってきてほしい。牛乳でもオレンジジュースでもいい。
2. 中身を飲んでしまったら、そのパックを砂か小石でいっぱいにする。
3. 友達を1人連れて来る。実験の被験者だ。被験者には、パックの中身が砂や小石だということはナイショにしておいてね。準備はここまで。
4. 友達には手を体の前に出した状態で待ってもらう。そして「できるだけ手の位置を動かさないようにして、このパックを受け取ってください」と言ってから、手のひらにパックを置いてあげる。

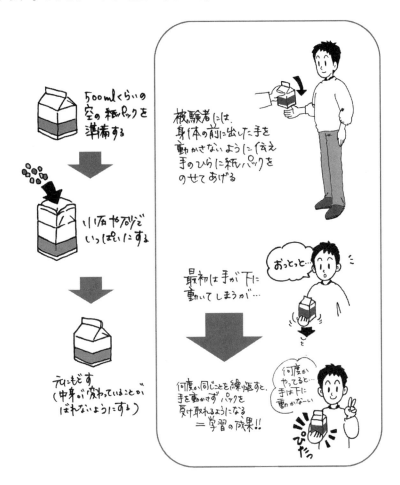

chapter 4―「学ぶ」の扉

さて、友達は手を動かさずにパックを受け取ることができただろうか？
　たぶん友達の手は、パックを受け取ったとき下の方に大きく動いたはずだ。できるだけ動かさないように、と思っていてくれたはずなんだけれどね。
　なぜこんなことがおきるのだろうか。私たちは身体を動かそうとするとき、どの筋肉をどれくらいの力で動かそうか……という計画を無意識に立てている。パックを受け取るときも同じで、パックの見た目からその重さを即座に推定し、手に負荷がかかる直前に、きちんと受け取ることができるように手と腕の筋肉を緊張させ、固定された状態を無意識的に準備する。友達はたぶん、パックの中身は牛乳とかジュースだと思っているから、その重さを受けとめるために必要な筋肉の緊張状態を準備していたはずだ。だけど、パックの中身はこの予想以上に重い。予想された重さと実際の重さのズレが、下方向への手の動きとして観察されるってわけだ。
　では、同じ実験を何度か繰り返してみよう。そのとき、友達がパックを受け取ったときの手の動きが変化するか、観察してほしい。手の動きはだんだんと小さくなっていくことがわかるはずだ。パックのほんとうの重さに応じた適切な筋肉の緊張を前もって準備できるようになっていくので、こういうことがおこる。これが学習の効果だ。

## "自分にとって重要じゃないこと"は学習できない、いくら時間をかけても！

　多くの人は、自身にとってそれほど難しくないことなら、長く時間をかければいつかは身につけることができる、と信じていることだろう。私もそうだ。「明日はきっとできるようになる」なんて漠然と、楽観的に信じている。でもこれってほんとうかな？　簡単な実験をして確かめてみよう。

### ◆ プチ実験-3

　右の交通信号機に、赤・青・黄色の色をつけてほしい。あなたは正しい位置に、正しい色を塗れるかな？

自分の答えに自信がある人はどれくらいいるだろう？　毎日見慣れている信号機だけど「赤は左だったかな。それとも一番右？」と迷ってしまうよね。じつは問題を出した私自身、ホントは今一つ自信がない（……怒らないでね）。もちろん私たちは、「赤は停止せよ」とか「青は進んでよろしい」という信号の色が意味することを知っている。すごくよく理解している、といっていい

だろう。つまり、色の意味は学習できている。だけど、赤・青・黄の正しい位置がどこだったか自信をもって答えられない。それは、どの色がどの位置だったかを学習できていないからだ。信号なんてほとんど毎日見ているはずなのに……。でもがっかりしないで。信号の色の位置が学習できていなくたって、私たちがダメってわけじゃない。

　信号に従うときには、"今、何色が点灯しているか"という情報はとても大切だ。だけど、"その色がどの位置に点灯しているか"ということは、「停止せよ」とか「進んでよろしい」というような意味とはまったく関係がなく、重要な情報ではない。重要じゃないことは毎日経験していても学ぶことができない。というよりもむしろ私たちは、自分にとって重要なことと重要ではないことを自動的に判別し、重要ではないこと（＝ムダなこと）を学習しないような積極的なしくみをもっているのだ。その方が、心のエネルギー（専門的には**認知資源** cognitive resource という）をムダづかいしないですむからだ。心はエコにできているってわけだ。さて、信号機の色の問題の答えだけれど……あとで外に出て自分で確かめておいてね。

　自分にとって重要ではないことは学習できない。これは私たちの学習の重要な特徴の１つだ（学習できないことが、学習の特徴だっていうのは、なんとも逆説的だね）。
　「あたしの英語の成績が悪いのは、あたしにとって英語が重要じゃないからなんだ、しょーがないんだ。エヘン！」なんて開き直る学生がいるのも無理は

ない（のかもしれない……）。そんな人にアドバイス。英語が自分にとって重要なものになるような工夫をしてみよう。たとえば、日本語吹き替えや字幕なしに外国映画を楽しみたい！とか、バックパックを背負って1人で外国を旅行してみたい！という具体的な目標を立てて英語学習に励むのは有効な方法の1つだ。

## 縦シマ世界のネコは横シマのガラス板を見るか？

　さて、ここでまたあなたに想像してもらおう（科学では想像によって考えを進めていくことを"思考実験"という）。お題は、"白と黒の縦シマだけでできていて、円も三角も四角も、形という形がまったくない"、そんな世界。

　当然のことながら、私たちが生活しているこの世界はこんな突拍子もない奇妙な世界ではなく、さまざまな形のものでいっぱいだ。白と黒だけではなく、赤、青、緑、黄はもちろん、サクラ色やヤマブキ色など、私たちが見ることができる色は無数にある。だけど仮に、白と黒の縦シマだけでできている世界で育った人がいるとして、その人が私たちの世界にやって来たとしたら、その人の目にこの世界はどんなふうに映るのだろう？　生まれてはじめて目にする三角形や四角形、さまざまな色彩を、私たちと同じようにちゃんと見ることはできるのだろうか？

　私たちの世界とは異なるこんな世界からやってきた者の視覚世界がどうなっているのか。ブレイクモア（C. Blakemore）とクーパー（G. F. Cooper）は、これを調べる実験を行った（これは思考実験ではなくほんとうの実験）。彼らは、生まれたばかりの子ネコを白と黒の縦シマ模様で塗った大きな筒の中で育てた。このネコは、生まれてからずっと、"白黒の縦シマだけしかない世界"で生きてきた、ということになる。

　この実験はネコが生後5カ月になるまで続けられ、その後、ネコはこちらの世界に出された。白と黒の縦シマしかない世界から、いろいろな色や形があふれる世界へとやってきたわけだ。ネコの目には、私たちにとってはごくふつうの世界がどんなふうに見えたのか、想像できるかな？

　このネコがどのような知覚世界をもっているかを調べるために、ブレイク

モアたちは黒のシマ模様を描いた透明なガラス板をネコに近づけてみた。ネコが育てられた筒と同じ縦シマになるようにしてこのガラス板を近づけると、ネコはびっくりしてガラス板を避けようとした。縦シマはちゃんと見えているってことだね。しかし、このガラス板のシマ模様を90°回転させて、横シマになるようにして近づけると、このネコはガラス板が近づいてくることに気づかないふうだった。横シマを見ることができなかったんだ（Blakemore & Cooper, 1970）。

　縦シマだけの世界で生きてきたネコが、毎日見てきた縦シマをきちんと見る能力を身につけていたことは、とくに不思議ではないだろう。しかしこのネコは、生まれてこの方、横シマを見るなんていう経験をしたことがまったくなかった。そういう場合、これを見るための能力も身につかない。もし、すべてのものが白と黒の縦シマでできている世界で育った人がいて、その人が私たちの世界にやってきたら……。その人は、生まれてはじめて目にするさまざまな形や色彩を、私たちと同じようには見ることはできないだろう。この実験の結果はそう教えてくれている。

　物を見るということは、（とくに目に異常がなければ）"生まれもった当然の能力"と思っている人が多いかもしれない。しかしそうではない。生まれてからの物を見るという経験を重ねることによって、なにを、どのように見ればよいのかが学習され、視覚がきちんとはたらくようになる。ふだん私たちが物を見ることに不便を感じずにすむのも、ちゃんと学習されていたおかげなんだ。

　視覚以外の感覚・知覚（聴覚、嗅覚、味覚、触覚）の能力も同じで、それらがちゃんとはたらくためには学習が不可欠だ。

## 7　蓼食う虫も好き好き？
### ——趣味や好みの個人差と学習

　私たちは感覚・知覚情報を土台にして、さらにさまざまな感情を体験する。沈む夕日を見て感動する、お気に入りの音楽を聴いて元気になる、ケーキをほおばって幸せな気持ちになる、やわらかなヌイグルミを抱いて安心感に包まれる、といった豊かな感情がもてる。豊かな感情をもって生きることは、まさし

く人間らしく生きるってことじゃないだろうか。

　ところで、不思議なことがある。たとえば、ピカソの絵に感動して涙を流す人がいる一方で「あんなデタラメな絵のどこがいいのだろう？」と首をひねる人もいる。クラシック音楽の愛好家がいる一方で「クラシックなんか退屈だ。やっぱりロックがいい！」と思っている人もいる。同じものを見たり聴いたりしても、みんながみんな同じ感情を抱くとはかぎらない。「蓼食う虫も好き好き（英語では "There is no account for tastes" という）」という諺の通りなのだ。

　このような好き嫌いの個人差も、それまでの学習のされかたによって生まれることが多い。色の好みを例に考えてみよう。大好きなお母さんが、いつもピンク色のエプロンを身につけているような家庭の子どもは、他の色よりピンク色を好きになる可能性が高い。ふだんの生活の中で、ピンク色のイメージとお母さんのイメージを結びつけてしまうからだ。イメージとイメージを結びつけるこのような学習は、**連合学習** associative learning とよばれている。その結果、元々お母さんにたいして抱いている「お母さん大好き！」という好意の感情がピンク色に乗り移る。しかし別の家庭のお母さんはブルーのエプロンをいつも身につけているかもしれないし、あまりエプロンを身につけないお母さんもいるだろう。このような家庭の子どもには、ピンクとお母さんを結びつける学習は生じないはずだ。こうして色の好みが 1 人 1 人違ったものになっていく。まさに十人十色！　大切なポイントは、私たちは "物事" と "感情" を関係づける学習をしているってことだ。

　この学習はふだんの生活の中で、自分でも気づかないうちに進行している。この感情と学習の関係をうまく利用しているのが、テレビ CM や新聞・雑誌の広告だ。たとえば、お菓子や飲料の CM では人気アイドルやタレントが、おいしそうにその商品を食べたり飲んだりするところがテレビに映される。化粧品やシャンプーの場合は、出演する女優さんがあたかもその製品によって美しくなったかのように演出されているよね。重要なことは、CM に登場するタレントは多くの人から好印象をもたれている、ということだ。実際、好感度アンケートなどで上位にランクインするタレントは、たくさんの CM に出演している。テレビ番組の合間に挿入される CM を繰り返し見せられると、商品

psychology

のイメージとタレントのイメージを結びつける連合学習がおきる。この学習のはたらきによって、本来そのタレントにたいしてもっていた好意の感情が商品に乗り移るんだ。買い物に行ったとき、つい CM で見たことのあるお菓子や化粧品に手が伸びてしまうのは、その商品が元々もっている魅力だけではなく、その商品に乗り移ったタレントへの好意によるのかもしれない。

　あなたがコンビニで買ったそのお菓子、ほんとうに食べたくて選んだのかな？　ひょっとしたら、その CM に出ていたタレントさんが好きだったからかもしれないよ。

## 8　「○○が怖くて怖くてしかたない」も学習される

　好きという感情だけでなく、嫌いとか怖いという負の感情も、学習されることがある。程度の差はあるけれど、イヌ嫌いの人ってけっこういる。そういう人にどうしてそんなにイヌを嫌うのか尋ねてみると、「小さい頃にイヌに追いかけまわされて、それがとっても怖かった」とか「頭をなでようとして手を出したら突然噛まれた」というような、以前経験した恐怖のエピソードを原因に

挙げる人も多い。この恐怖体験のときに、"イヌのイメージ"と"強い恐怖のイメージ"を結びつける学習がおき、負の感情がイヌに乗り移るんだ。イヌ嫌いも連合学習されることがあるんだよ。イヌ嫌いどころか、イヌを見るとパニックになってしまうとか、失神してしまうというような重度の"イヌ恐怖症"になってしまうこともある。

　世の中にはじつにいろんな**恐怖症** phobia がある。"高所恐怖"や"閉所恐怖"などの場所にかんする恐怖症はよく聞くものだろう。"ヘビ恐怖"や"クモ恐怖"など、特定の動物にたいする恐怖症もある。珍しいところでは"13日の金曜日恐怖"なんていうのもある。これらの恐怖症のすべてが学習によって作り出されるとはいい切れないが、学習が重要な役割を果たしていることが少なくない。そのことを実証した有名な実験を紹介しよう。時は20世紀はじめの1920年、場所はアメリカだ。

　ワトソン（J. B. Watson）とレイナ（R. Rayner）が行ったこの実験では、アルバートという名の生後11カ月くらいの赤ちゃんが被験者だった（Watson & Rayner, 1920）。なお、現在ではワトソンたちが行ったような実験をすることは倫理的に許されない。そのことを念頭において読んでほしい。

　ワトソンたちは、実験の第1段階として、アルバートに白いネズミを見せて彼の反応を観察してみた。アルバートはこのはじめて出会ったネズミを興味深そうに眺め、手をのばして触ろうとした。どうやらネズミがお気に召したようだ。そこで実験は第2段階に進む。アルバートがこの白ネズミに興味を示しているときに、気づかれないようにそーっと彼の後ろにまわって、鉄の棒を打ち合わせて大きな音を出した。赤ちゃんは大きな音を聞くと怖がって泣き出すものだ。大きな音にたいするこのような恐怖の反応は生まれつきの、遺伝子にプログラムされて受け継がれた行動で、これ自体は学習された行動ではない（だから、大人でもカミナリの音が嫌いな人は少なくない）。

　案の定、鉄の棒が打ち合わされる大きな音を聞いて、アルバートは泣き出した。かわいそうだけど、実験はまだ終わらない。少し時間をおいて、アルバートが泣きやんで落ち着いたことを確認してから、再び白ネズミをアルバートに見せ、彼の注意がこのネズミに向いているうちに、またもや大きな音を聞かせて彼を怖がらせた。このようにして、"白ネズミを見せる→大きな音を聞かせ

て怖がらせる"、という実験を7回ほど行った。さて、このあとアルバートに白ネズミを見せると、なにがおこったと思う？ それこそがワトソンたちが知りたかったことだ。

　大きな音が鳴らされていないのに、白ネズミを見せられただけでアルバートは泣き出し、ネズミから逃げ出そうとした。そう、アルバートはいまや白ネズミは怖いものだ、ということを学んでしまったんだ。アルバートが白ネズミ恐怖症になってしまった背後には、白ネズミのイメージと大きな音のイメージの連合学習がある。アルバートの白ネズミ恐怖の実験は、恐怖症が発生するプロセスを人工的に再現したものだといえる。

　ただし、アルバートの実験の結果と、日常の恐怖症との間には重大な違いがある。じつはアルバートの実験には続きがあった。アルバートに、ネズミや大きな音を経験した部屋とは別の部屋で、さっきの白ネズミを見せた。しかし、このときはほとんど恐怖を示さなかった。つまり、実験で作り出されたアルバートの白ネズミ恐怖症は、実験を行った場所でのみ有効なものだったんだ。しかし、ヘビ恐怖症の人は特定の場所でのみヘビを怖がるわけじゃない。いつでもどこでもヘビに出会ったり、あるいはヘビという言葉を聞いたりしただけでも、強い恐怖を感じてしまう。アルバートの白ネズミ恐怖と本物のヘビ恐怖症は、一体どこが違うのだろう？

　毒をもっているかもしれないヘビやクモは、時には人間の命さえ奪う危険性がある。人間にとっての天敵だ。このような天敵にたいしては用心に用心を重ね、十分に注意を払わなくてはならない。だから私たち人間は、長い進化の歴史の中でヘビやクモなどの天敵を恐れるしくみを、生まれながらにしてもつようになった。平気でヘビやクモに触ってしまう人よりも、生まれながらにしてこれらの動物を避けようとする人の方が、生き残る可能性が高かったからだろ

chapter 4―「学ぶ」の扉

う。そうはいってもすべての人がヘビ恐怖症やクモ恐怖症にならないのは、学習によって作り出される個人差もまた、無視することができないからだ。「山道で突然ヘビと出会って、とてもびっくりした」とか、「小さい頃、外で遊んでいたらクモの巣がからまって、そこにいたクモの模様がとっても気持ち悪かった」なんていう経験をもつ人は、元々もっていた恐怖反応がより強くあらわれる。ヘビ恐怖症やクモ恐怖症が非常に強い効果を発揮するのは、人間が生まれもった傾向と、生まれたあとの学習が互いに影響しあっている例だ。

## "行為とその結果の結びつき"を学ぶ
### ──オペラント学習

　正常な知覚のはたらきや、いろいろなものに感情を抱くこと。これらに学習が重要な役割を果たしているということを見てきた。学習によって、私たちはこの世界がどのようになっているかを知り、それらに感情を込めることで世界に彩りを与えている。

　しかし私たちは世界をただ眺めているだけの生き物ではない。"動物"は読んで字のごとく、この世界の中を動き回って、この世界にたいしていろいろなはたらきかけをする。手は字を書いたり、楽器を演奏したり、人と握手をしたりといったはたらきをするために使われる。足は歩いたり、自転車のペダルをこいだり、ボールを蹴ったりするというはたらきをするために使われる。世界にはたらきかけるこのような行動を作り出し、調節するのも学習だ。

　たとえば赤ちゃんが寝ているベッドの天井に、モビールのようなおもちゃを吊り下げて、このおもちゃと赤ちゃんの手をひもでつないであげる。すると、赤ちゃんはすぐに手を動かし、モビールを揺らして遊ぶことを学習する。モビールが揺れると、光がいろいろなパターンで反射してキラキラする。それを見るのが赤ちゃんは楽しいのだろう。これは単純そうだけれど、人間や動物がもつ学習の中でも、とっても重要なものの1つだ。

　このとき赤ちゃんが学んでいることは、自分の手を動かすという行為が原因となって、モビールの動きという結果が生じる、という知識だ。原因とその結果が結びついているという知識。もちろんこのような学習は赤ちゃんだけがす

るのではない。大人の学習も、かなりの部分はある行為とその行為が生み出す結果を結びつけることで成り立っている。自動販売機にお金を入れてボタンを押す（行為）とジュースを手に入れることができる（結果）、お手伝いをする（行為）とお母さんにほめられておこづかいがもらえる（結果）、友達にメールを送る（行為）と返事が来る（結果）……などなど数え上げたらきりがない。このように、自分の行為とその結果の結びつきを学ぶことを**オペラント学習 operant learning** という。

　動物もオペラント学習をする。だから、動物に芸を教え、しつけようとしたら、この学習を利用するんだ。イヌのタロウに"お手"を仕込むときには、タロウが前脚を上げたら（行為）、好物のおやつをあげる（結果）、という訓練を行う。このような訓練を繰り返すと、それまでは自分からお手をしなかったタロウが、お腹を空かすと自分からお手をするようになる。これはタロウが、"お手という行為がおやつがもらえるという結果を生む"ことを学習したからだ。

　オペラント学習のプチフィールドワークには、水族館がおすすめだ。水族館のショーで見られるイルカの輪くぐりやアシカのお手玉には、ほんとうにびっくりさせられる。このような動物の曲芸も、基本的にはイヌのタロウのお手と同じ、オペラント学習を何度も何度も積み重ねた結果だ。

　水族館のイルカやアシカのショーのとき、動物とトレーナーさんがよーく見える前の方の席を確保して、彼らを観察してみよう。あなたはオペラント学習の証拠を見つけることができるだろうか？

　イルカがプールをぐるっと一回りして大きなジャンプを見せたり、アシカがボールをキャッチしたとき、トレーナーさんはなにをしているのか、注意して見てほしい。動物がうまく芸をすると、トレーナーさんは首にかけた小さな笛を吹き、場合によっては

chapter 4 ―「学ぶ」の扉

手を上げる。これってなんだと思う？　テレビのクイズ番組なんかでは、回答
者が正解すると "ピンポーン" っていう音が鳴るよね。トレーナーさんの笛の
音や手を上げる動作は、イルカやアシカにとってのこの "ピンポーン（よくで
きました！）" なんだ。

　この合図を聞いたり見たりした動物は、口を開けてトレーナーさんの方にす
り寄っていく。トレーナーさんはバケツに入っている小さな魚を動物の口に入
れてあげる。水族館のイルカやアシカも、芸という行為がおいしいごほうびと
いう結果を生じさせる、ということを学習しているんだ。

　赤ちゃんのモビール、イヌのタロウのお手、水族館のイルカやアシカの曲芸。
どれも、行為とその結果の関係が学習されたものだ。このような学習の分析を
もう一歩進めて、あなたとつぎの問題を考えてみたい。

---

問：オペラント学習だけで、実際の行為は作り出されるものだろう
　　か？　ある行為をヒトの赤ちゃんや、動物や、そして私たち自身
　　が、自分からすすんで行うためには、行為とその結果の関係を学
　　習するだけで十分なのだろうか？

答：行為の結果が、おやつやおこづかいのように魅力的なものでな
　　ければならない。

---

　結果が魅力的だからこそ、それを得ようという行為が学習され、実行される
んだ。当然といえば当然なことだけれど、心理学ではこのような魅力的な結果
を、**報酬** reward とか**インセンティブ** incentive とよぶ。報酬といってもお
金や具体的なモノであるとはかぎらない。人にほめてもらう、みたいな形のな
いものでも、本人にとって魅力的であれば報酬になる。だから、他者から注目
されることなども報酬になる。ブログや SNS で、より多くのフォロワーや "い
いね" を獲得しようとがんばる人がいるのはこのためだ。

psychology

## 10　ごほうびが学習の邪魔をすることもある

　ただし、私たちがすすんで行っている行為のすべてが、おこづかいや人からほめてもらう、といった具体的な報酬に支えられているわけではない。ここは重要なポイントだ。スマホやパソコンでゲームをしたり、マンガを読んだり、友達とSNSでコミュニケーションしたり、というのはあなたたちも大好きで夢中になっているかもしれないけど、こういう行為によって、おこづかいがもらえるなんて都合のいい話はない。むしろ、「遊んでばかりいないで勉強しなさい！」って親や教師に怒られるだろう。報酬がもらえるわけでもないのに、場合によっては怒られる場合すらあるのに、どうして私たちはこのような行為を自ら望んでやるのだろうか？

　「楽しいからに決まっているじゃないか」っていう声が聞こえてきそうだ。その通り！　ゲームをしたり、マンガを読んだりすることは、行為そのものが魅力的だから、その行為自体が報酬になる。イラストを描くこと、小説を書くこと、楽器を演奏すること、スポーツをすること、こういうことを趣味にして楽しく充実した体験をしているのなら、その行為自体が報酬となるんだ。行為そのものを求めるこのようなはたらきを、**内発的動機づけ** intrinsic motivation という。理屈っぽくいうと、私たちは、ゲームで遊んだりマンガを読んだりといった行為と、その行為をすることによって生じる楽しさという結果の結びつきを学習しているといえる。

　内発的動機づけについてもう少し分析をすすめてみよう。内発的動機づけに支えられている行為と、おやつやおこづかいなどの報酬を組み合わせると、どうなるのだろうか？　たとえば、絵を描くのが好きな子どもがいるとする。この子は絵を描くという行為そのものを楽しんでおり、それ自体が報酬になっている。絵を描くことは、この子の内発的動機づけによって支えられているということだね。それでは、この子に「うまく絵が描けたらおこづかいをたくさんあげるよ」と約束したとしよう。このとき、なにがおこるだろうか。この子はますます楽しみながら、さらにすばらしい絵を描こうとしそうだが……。

　レパー（M. R. Lepper）たちは実際に実験をしてみた。すると、驚くべき

chapter 4 ――「学ぶ」の扉

結果になった。「おこづかいをあげる」と約束された子どもは自発的に絵を描かなくなったり、絵の芸術性も下がってしまったんだ。"絵を描く行為とおこづかいという報酬の結びつき"が、元々あった"絵を描く行為とそれが生み出す楽しさという結果の結びつき"の邪魔をして、内発的動機づけを弱めてしまったんだ（Lepper, et al., 1973）。

「趣味を仕事にしたらつまらなくなった……」と言う人がいる。レパーたちの研究はこの感想の正しさを実験的に裏付けたものといえるだろう。この実験のように、おこづかいやお菓子などの具体的な報酬は内発的動機づけを弱める場合があるから、大人が子どもの芸術やスポーツ、勉強などへの関心や興味を伸ばそうとするときには、十分な注意が必要だ。

 やればできる！──コンピテンスを学ぶ

　私たち人間を含む動物は、「あれが食べたい！」とか「これがしたい！」という欲求をもち、その欲求を満足させるために行動する。私たちがこの世界の中で行動するっていうことは、この世界の中に今までなかった出来事が新しく作り出されるってことだ。ジュースを求めてあなたが自動販売機のボタンを押したあとでは、ボタンを押す前にはなかった"ボタンが押された"という出来事が新しくこの世界に加わる。そしてボタンが押されたという出来事は、"ジュースが目の前に出てくる"というつぎの出来事を連鎖的に生み出す。これは私たちの世界の基本的なルールだけれど、当たり前のことすぎてふだんはまったく意識されない。でもこの世界にやってきたばかりの赤ちゃんはそうじゃない。私たちにとっては当たり前のこの世界の基本的ルールを、赤ちゃんはまだ知らない。

　だから赤ちゃんが無邪気に手を動かして、天井から吊り下がったモビールを動かすとき、赤ちゃんは、手を動かすとモビールが動いてキラキラしてきれいに見えるというオペラント学習だけでなく、「自分は"モビールが動く"という結果をこの世界に新しく作り出すことができた！」という達成感も同時に感じている。それによって「自分はこの世界にはたらきかけて、この世界を変化させる力をもった存在なんだぞ！」「自分はこの世界を自分の望むようにコン

トロールすることができるんだぞ！」ということを学んでいるんだ。この「やった！」という感覚、「自分はなにかをできるんだぞ！」という自信。これを**コンピテンス** competence という。

　赤ちゃんは、この広い世界の中で自ら行動し、その結果どのようなことがおこるのかを学びながら、同時にこのコンピテンスを学び育んでいく。もちろん大人だって、行動しながらこのコンピテンスを繰り返し確認している。さらにコンピテンスは、「自分は価値のある人間だ」「自分はかけがえのないたったひとつの大切な存在だ」という気持ちを生み出すための礎（いしずえ）でもあるから、コンピテンスをもつことはとても重要だ。

　それだけではない。コンピテンスは人間が成長していく中で、さらにたくさんの学習をしていくことの土台になる。「自分はやればできる」と信じることで、新しい技能や行動を身につけよう、というつぎの学習への意欲が生まれてくる。「外国語を習ってみようかな」とか、「ギターを練習してみようかな」という意欲をもつことができるのは、根っこに「自分はやればできるんだ」というコンピテンスがあるからだ。ただし、私たちはふだんからこういうことを意識的に感じながら生きているわけではない。コンピテンスというのはいつも意識の奥の方にあって、私たちの学習意欲を陰で支える役割を果たしているのだ。

## 12　"他者とともに生きる"ことから学ぶ、"他者とともに生きる"ために学ぶ

　これまで説明してきた学習は、基本的に自分1人で行うタイプの学習だった。しかし、人間は他の動物に比べて非常に強い"社会性"——複雑な社会集団を作って生活すること——をもっている。だから、この社会性が学習にも大きな影響を与えている。要するに、私たちは、他の人と一緒に生きることから、さまざまなことを学んでいるんだ。

　そもそも"学ぶ"という言葉は、"まねぶ（＝真似ぶ）"が変化してできた、という説があるくらいで、わが国では、他の人がやっていることをうまく"マネする"ことが、学習の最も基本的な形だと考えられてきたのだろう。事実、日本の伝統芸能や伝統技能は、人のマネをすることを大切にする傾向が強いよ

うだ。たとえば、漆器塗りや陶芸、大工の世界では、弟子は親方が仕事をしている様子を「見て、技術を盗め」なんて言われる。書道も最初はお手本を正確に写すことからはじまるし、剣道や空手などの武道でも"型"とよばれる必殺技をまとめた演武があって、師匠や先輩が型を演武するさまを弟子は正確にマネして演じることで、その技を身につける。

　特別な技能だけじゃない。子どもは大人のマネをしていろんなことを学習する。前に述べた言葉の学習もマネが重要な役割を果たしているし、女の子が女らしさを、男の子が男らしさを学ぶのも、お母さんやお父さんのふるまいをマネすることからはじまる。心理学では、マネに基づく学習を**モデリング modeling** とよんでいる。"猿真似"という言葉はふつうあまりいい意味には使われないけれど、他の人がやっていることを見てマネることができる、というのは、じつはものすごく高度な能力だ。人間以外の動物がどの程度まで仲間のやっていることをマネできるのか、ある研究者は「できる」と言い、別の研究者は「まったくできない」と言っていて、意見が分かれるところだが、いずれにしても、人間ほど高度にマネして学べる動物はいない。

　さて、人間は高度な社会性をもった動物だといったけれど、他人と一緒に集団生活を続けていくことは、じつは簡単なことではない。だから、集団生活を

送るためにいろいろな工夫をしている。円滑な集団生活のための工夫、つまり、上手な人づきあいのしかたと学習の関係について考えてみよう。

　Chapter 1（つきあう）でも取り上げたように、人づきあいがよく、友達もたくさんいて、どこに行ってもみんなの中心になれる、そんな好人物っているよね。逆に、人づきあいが苦手で 1 人で家にいるのが好き、あるいは、人づきあいが嫌いなわけではないけれど、なにかというとすぐにつっかかってきて、みんなをひっかきまわすトラブルメーカーという人もいる。あなたのまわりにもそれぞれ思い当たる人がいるだろう？

　“ 上手に人づきあいができる人 ” と “ そうではない人 ” との違いはどこで決まるのだろう？　Chapter 1 でも取り上げたこの問題を、学習の観点から説明すると、“ 思いを形にする力がどれくらいあるか ” ということが重要になる。私たちは社会の中で生きるために、自分の思いを他の人にもわかる形にしなくてはならない。たとえば重い荷物を 2 階に運び上げたいけれど 1 人では難しい、というときには「誰かに助けてほしい」と思う。その思いは「悪いんだけれど、ちょっと手伝ってくれないかな」と声に出して誰かに頼まないと実現しない。手伝ってもらったあとで今度は「あー、ほんとうに助かった、ありがたい」と思ったら「ありがとう」とはっきり言わなければ、感謝の気持ちは手伝ってくれた人に伝わらない。自分の思いを言葉などの具体的な形（行動）へ上手に変換できる人は、人づきあいもスムーズだ。逆にこれが上手くできないと、人間関係がぎくしゃくしたり、人間関係そのものをめんどうくさく感じたりするようになってしまう。

　では、思いを形にするのが上手い人とそうでない人とでは、具体的にどこに違いがあるのだろうか？　すぐに思いつくのは、“ 性格が違う ” という説明だ。「外向的な性格の人はおおっぴらで人づきあいがよく、逆に内向的な性格の人は外に出て人とつきあうよりも家で 1 人で読書などをしている方を好む」「攻撃性の高い人は素直になれず、けんかや揉め事をおこしやすい」なんていかにも通俗的な心理学の入門書に書いてありそうだ。

　しかし、別の可能性を考えてみよう。人づきあいのしかたや思いを形にすることは、反射や本能行動ではない。生まれつき備わった行動ではないんだ。ということは、これらは学習されるべきもの、ということになる。だから、思い

chapter 4―「学ぶ」の扉

　を形にするのが苦手な人は、その方法を学習していないからうまくそれができないわけで、逆に、思いを形にするのが上手な人は、その方法を学習によってちゃんと身につけているからできるのだ。
　心理学では、人づきあいをする上で重要な、思いを形にする方法を**ソーシャルスキル** social skills という。"スキル"という言葉は、練習や訓練によって身につく技能のこと。つまり、学習できるものってことだ。他の人とうまくつきあっていくためのスキルは、練習を通じてコツをつかむことで、少しずつ向上させることができる。外国語やピアノ演奏を学ぶのと同じだ。「自分は生まれつき内向的な性格だから、どうやっても他の人とうまくつきあっていけないんだ」と、性格のせいにしてしまうと学習をあきらめてしまうことになる。ソーシャルスキルは学習で身につくものだから、人づきあいもうまくなれる可能性があるのだ。
　私たち人間の社会は非常に複雑にできているから、それぞれの場面において必要とされるソーシャルスキルもいろいろだ。たとえば、恋心を抱いた人とつきあうこと。自分が好意をもった相手には、自分のことを好きになってもらいたい。この目的を達成するためには、私たちはいくつかのスキルを身につけ、これらを組み合わせて使わねばならない。

はじめてのデートで、リラックスして話すことはなかなか難しい。でもデートに必要なスキルは（そう、デートにもスキルが必要なのだ！）、デートを重ねるとだんだんと上達する。相手の喜ぶような話題を出したり、タイミングを見計らって相手の手を握ったりすることも、自然にできるようになってくる。

人づきあいが苦手、恋人をつくるなんてとても無理、と思っている人にいっておきたい。失敗を恐れてなにもしない、では学習ははじまらない。スポーツや楽器の演奏と同じで、はじめからうまくできる人なんかいない。前に述べた、見ていて驚くほどの芸を見せてくれる動物たちも、はじめはまったく芸なんかできなかったのだ。人間はモデリングの能力もあるのだから、人づきあいが上手な人のマネをしてみることから学習をはじめるのもいい。

というわけで、まずは好きな人に声をかけるところからでもはじめてみようよ（間違ってもはじめから手を握っちゃだめだよ）。


## おわりに──学習のチャンスを失わないために

この章では、学ぶという行動について、いろいろな側面から考えてみた。学校の勉強は学ぶことのほんの一部でしかない、ということがわかってもらえたと思う。勉強が苦手な人も得意な人も、学校の成績がその人の学ぶ能力のすべてを反映しているわけではない、ということにも気づいてくれたんじゃないかな。

最後に1つお願いがある。今まで、苦手だ、自分には才能がないなんて勝手に決めつけて遠ざけていたことを見直してみないか？　ソーシャルスキルは学習によって身につけられるのに、人づきあいが苦手なのは生まれつきだから、とあきらめている人。自分は文系だから数学や理科は苦手……なんていつの間にか思い込んでいる人。このようなあきらめや思い込みで、せっかくの学習のチャンスをみすみす逃してしまってはもったいない。

もちろん「人間には無限の可能性がある」と言っているわけではない。学習のスピードや到達できるレベルに個人差があることも紛れもない事実。努力すれば、誰もが一流の芸術家やアスリートになれる、なんてことはありそうもないし、がんばってもどうしてもこれ以上はできない、という場合もあるだろう。

chapter 4──「学ぶ」の扉

可能性は有限だ。だけど、簡単に自分の可能性を「これくらいだろう」と決めつけてしまうのは早計だ。

　この章のはじめの方で、ロボットや人工知能の話をしたよね。現在の多くのロボットは、それこそ可能性がはじめから決められている。また、少なくとも今のところ、コンピテンスや意欲をもったロボットはない（これも人の心をもったロボットを作り出すのが難しい理由の１つなのかもしれない）。

　でも、私たちはロボットではないのだ。一見とてつもなく難しそうに思えることでも、うまくスモール・ステップを設定すれば、少しずつであっても学習は進んでいく。ステップを１つでもクリアすれば、コンピテンスも生まれ、つぎの学習の意欲がわいてくる。

　この章を読んで、あなたが少しでもなにかに挑戦してみる気持ちになってくれたとしたら、私はとてもうれしい。もう一度言おう。可能性は有限だけど、私たちは心のないロボットではないのだ。

## お薦めの本　≫≫≫――――――→

◉ 松尾豊『人工知能は人間を超えるか　ディープラーニングの先にあるもの』
　　KADOKAWA/ 中経出版（2015）

　ディープラーニング（深層学習）という新しい学習原理の発明により、この数年で人工知能（つまりロボットの心）の能力が飛躍的に向上しました。今、人工知能の研究はどこまで進んでいるのか、近い将来人間社会にどのような影響を及ぼす可能性があるのか、そんなことに関心をもつ人には、この研究領域の第一人者が書いた本書をお薦めします。

◉ Ｋ・ローレンツ／日高敏隆訳『ソロモンの指環――動物行動学入門』ハヤ
　　カワ文庫（1998）

　遺伝的にプログラムされた生得的行動、中でも〝本能行動〟を研究してきたのが〝エソロジー〟という分野です。〝比較行動学〟と訳されます。エソロジ

psychology

ストの中でもノーベル賞に輝いたローレンツのこのエッセイは、とてつもなく魅力的。ローレンツのようにコクマルガラスに恋され、ハイイロガンのヒナには母親と認識される、そんないつも動物に囲まれた生活の中で私も研究してみたい。さらにローレンツの哲学に触れたくなったら『攻撃——悪の自然史』（みすず書房、1985年）を、生命の進化と遺伝について勉強したい人には、もう古典になってしまった感もある、リチャード・ドーキンス『利己的な遺伝子』（新装版、紀伊国屋書店、2006年）をお薦めします。

### ◉ 実森正子・中島定彦『学習の心理——行動のメカニズムを探る』サイエンス社（2000）

そうそう、学習心理学の本も紹介しておかなくちゃ。この章の7節と8節で紹介したCMの話や恐怖症の話、これらは心理学では"古典的条件づけ"あるいは"パブロフの条件づけ"というテーマに含まれるトピック。また、9節と10節で紹介した行為と結果の結びつきの学習やコンピテンスの話、これらはオペラント学習だったね。パブロフとオペラント、2つのタイプの学習について、豊富な実験例や図を示しながら解説している一冊です。

### ◉ 下條信輔『「意識」とは何だろうか——脳の来歴、知覚の錯誤』講談社現代新書（1999）

私たちの心のはたらき、たとえば形や色の知覚や自分の感情の認知などが、自分では意識できない脳の情報処理によって支えられている、っていうことが豊富な実験例とともに解説されています。脳すげー、無意識すげー！って、びっくりすると思うよ。4節で紹介した洞察学習に関連していて、発展的な勉強になります。さらに、私たちの意識が身体を通じた脳と環境の相互作用によって形づくられることが丁寧に説明されています。その中で、6節で紹介したブレイクモアとクーパーの実験も取り上げられています。この本を読んで下條氏のファンになった人にはさらに、『サブリミナル・マインド』（中公新書、1996年）や『サブリミナル・インパクト』（ちくま新書、2008年）もお薦めです。

## 動物実験と学習心理学

　学びについて研究する学習心理学の分野では、20世紀のはじめから現在まで、実験室で生まれた動物（実験動物）を使った実験が行われてきた。実験動物を使う最大の理由は、生まれてからの経験を完全にコントロールできるという点にある。

　学習や記憶の実験では、"ク・モ・ハ"のような**無意味つづり** nonsense syllables を暗記する課題を用いることがあるが、もしこれが、"ア・ン・コ"みたいな意味のあるつづりだとちょっと問題がある。アンコ好きな人は、そうでない人よりもこの言葉をよく記憶できそうだからだ。ク・モ・ハだって、鉄道ファンなら記憶しやすいかもしれない。駅に行ったら、車両の下の方にご注目。クハ、モハなんて、謎のカタカナが書いてあることに気づくだろう。たまにクモハって書いてあることもある。1つ1つのカナは車両の種類に対応し、クは運転台付き、モはモーター付き、ハは普通車を意味する。だから、ク・モ・ハみたいな一見無意味なつづりでも、知識の有無によって、学習や記憶のしやすさに差が出てしまうかもしれない。

　こういう個人差が影響してしまっては、正確な実験にならない。でも、人間を実験に使うかぎり、個人差が出ないなんてことはありえない……。そこで実験動物の登場だ。実験動物ならば、なにを見せるか聞かせるか、なにを食べさせるか飲ませるか、なにをして遊ばせるか、そういう生後のほとんどすべての経験を実験者がコントロールできる。だから、実験のとき、ほとんど個体差がなく、その実験の内容に関係した経験や予備知識をもたないニュートラルな状態をつくることができるのだ。

　人間を実験に使うと、実験者から自身が観察されていることを意識しすぎたり、実験者の意図を読み取ったりして、自然にふるまえないということもある（実験の約束をすっぽかす、なんてこともある）。実験動物ではこういうこともおこりにくいから、この点でも実験者にとって好都合なのだ。

## 動物研究の展開

　116ページのコラムでは、実験室で生まれた動物ならその経験がコントロールできるから、実験に重宝するという話をした。これは、ヒトではやりにくい実験だから動物で代用するともいえるわけだが、本文で紹介したブレイクモアとクーパーのネコを使った実験もこの例に当てはまる。このような研究では、ラット（野生のドブネズミの子孫）、マウス（こちらはハツカネズミに由来）、ハトなどの小動物が大活躍してきた。しかし、研究者の中には、"動物の心"そのものに関心をもつ人も多い。動物にも錯視はあるのか？　動物は足し算や引き算ができるのか？　動物は言葉を理解するのか？　動物は他者と苦痛を共有するのか？　このような問題を研究する分野を**比較認知科学** comparative cognitive science という。

　さらに、学習心理学の理論を応用して動物を訓練し、人間社会に役立てようと考える人たちもいる。本文中でも紹介した、水族館のイルカやアシカ、あるいは日本の伝統芸能の猿回し。オペラント学習を利用したこれらの曲芸は、私たちを大いに楽しませてくれる。一方で、冷酷な研究もある。敵地を攻撃するミサイルの中にハトを入れ、目標に命中させるように操縦の訓練をする。ハトは、最後は目標もろとも自分が破壊されてしまうことを知らず、ほんのわずかな餌を得るためにミサイルの操縦を行う……。この計画は第二次世界大戦時、アメリカで実際にあったそうだ。しかし、幸運というべきだろう、実行に移されることはなかった。

　平和のためにはたらくネズミがいる。内戦時にばらまかれた地雷が、戦争が終了してからも多くの人々を不幸にしているアフリカでの話。火薬のにおいを探知し、地雷が埋めてある場所を人間に知らせるように訓練されたネズミが活躍している。ネズミは体重が軽いので、地雷に乗っても爆発することはない。特別な機械も必要なく、迅速で安価な地雷除去の方法なので、みんなに喜ばれているよ。

chapter 4―「学ぶ」の扉

## 学習心理学から見た心の病とその癒し

　赤ちゃんにネズミを見せ、その直後に大きな音を聞かせてびっくりさせる……。これがアルバートの"ネズミ恐怖"の実験だった。赤ちゃんにとって（大人にとっても）大きな音は、生得的に不快な、避けるべき対象だ。このような音の直前にいつもあらわれるネズミは「これから不快なことがおこるぞー」と警告してくれているともいえる。だから、このネズミにたいしても恐怖を感じ、これから遠ざかろうとすれば、不快な目に会わなくてすむ。ヒトや動物は、このような連合学習の能力のおかげで上手に生きている。

　しかし、連合学習が極端な形で成立してしまうと、生活の質を大きく低下させることがある。1995年3月、東京の地下鉄で神経ガスのサリンがばらまかれ、多くの死傷者が出る惨事となった。そこに居合わせた人の中には、それ以降電車に乗ると激しい頭痛に襲われたり、電車に乗ることすらできなくなった人がいる。これは、テロリズムの大きすぎる恐怖が電車に乗り移ったという連合学習のためだ。同じようなことは、地震、大雨、洪水などの災害にみまわれた人々や戦場からの帰還兵などにも見られる。

　心の病気の症状には、上の例のように学習の結果としてあらわれているものがある。それならば、その症状に対抗するような新たな学習を行えば、症状を緩和することが可能なのではないか？　上記のアルバートの実験の数年後に発表された研究では、ウサギをひどく怖がる子どもには、ウサギを見せた直後においしい食べ物を与えたり、他の子どもがウサギと遊ぶ様子を観察させたりした。すると、この子のウサギ恐怖が消えた。食べ物にたいする快感情がウサギに乗り移る、あるいはウサギを怖がらない子どもの行動をモデリングする、そういう学習がはたらいた結果だと考えられる。心の病気は学習によって生じることもあるが、学習によって癒やせることもあるのだ（心の病気については、Chapter 6［悩む］でも説明しています）。

psychology

# Chapter 5
# 「記憶する」の扉

## 🔑 はじめに──記憶への不満と過信

　記憶とか記憶力という言葉を聞くと、学校のテスト勉強で苦労したとか、人の名前を度忘れしてもどかしい思いをしたことなどを連想して、記憶の失敗が思い浮かぶ人も多いのではないかな。私もそうだ。これまでいろいろな記憶の失敗をしてきたし、今もしょっちゅうしている。テストのとき、覚えたつもりのことがどうしても思い出せなかった、以前買ったものと同じ本をもう一度買ってしまった、人にある用件を伝えようと思っていたのにそれをし忘れてしまった……。こういう失敗をしたときってのは、自分を情けなく思う。

　でも、自分を慰めるためにいうわけじゃないが、火の消し忘れをしょっちゅうしてしまうとか、今日朝ご飯を食べたかどうか思い出せない、なんてことがないかぎりあまり心配する必要はない。忘れ物をすることは異常でもなんでもない。だいたい私たち現代人は記憶しなければならないことが多すぎる。だから多くの人が自分の記憶能力に不満をもつのはしかたがないことなんだ。いつの間にか人間は、本来もっている記憶能力をはるかに上回る量の情報を処理しなければならなくなってしまった。人間はたくさんの情報を扱おうとして、文字を発明し、紙を発明し、印刷機を発明し、コンピュータやインターネットまで発明した。こういう便利な道具ができると、ますます多くの情報を扱えるようになる。でも、道具がいくら発達しても、人間が本来もっている記憶能力自体は大昔から進化してなんかいない。現代人は原始人の頃と同じ記憶能力で、現代の複雑な仕事や勉強をしていることになるのだ。だからいろいろ苦労する

のは当たり前だといえる。

　自分の記憶に不安や不満を感じることがある一方で、逆に私たちは自分の記憶を過信してしまっていることも多いようだ。テレビをつけたままの勉強や音楽を聴きながらの勉強というのは、ものを覚えるのには効率が悪いが、そうは思わずにやってる人は少なくないだろう。大学の授業では、私が大事な部分を強調しながら説明しているとき、一応話を聞いてはいるのだけれど、ノートを取らない学生を多く見かける。ノートしなくても記憶できていると思っているんだろうね。それでも試験の出来がよければいいのだけれど、なかなかそうはならないものだよ……。こういう過信は、自分のというかそもそも人間の記憶能力をよく理解していないことが原因だ。

　原始人の頃と同じ記憶能力で、現代の大量の情報に対処するにはどうしたらいいか？　自分の記憶能力を過信して勉強や仕事に失敗しないためにはどうしたらいいか？　まずは、記憶の特徴を理解することだよ。そもそも記憶がどんなものなのかがわからなくちゃ対処しようがないからね。この章では、私たちの記憶の特徴を紹介しよう。

## ▶1　記憶を別のなにかにたとえて理解する──記憶のモデル

　私たちは自分が経験したことを覚えておいて、必要ならあとでそれを思い出す。だからいろいろなことを経験や知識として蓄えることができる。Chapter 4 で取り上げた「学ぶ」という行動も、私たちに記憶の能力があるからこそできるわけだ。逆に言えば、記憶がなかったら、私たちはまともな生活ができない。高齢になると、いわゆる認知症とかアルツハイマーという病気になることがあるが、これは記憶にも障害がおこってしまうから、本人もまわりの人も苦労することになる。この本を読むことも文字についての記憶がなけれ

ばできないし、人と話すことも、電車に乗ることも、ゲームをすることも、友達とおしゃべりすることも、それらに関係した記憶がなければできない。いつだって私たちは記憶に頼って生活している。

　記憶を研究する心理学者たちは、記憶というものを理解しようとしていろいろな記憶のモデルを考えてきた。ここでいうモデルというのは、わかりやすくなにかにたとえる（アナロジー）というような意味だ。記憶は頭の中にあるけれど目に見えるわけじゃないから、なにか具体的なものにたとえて理解しようとしたんだね。心理学者ではないけれど、古くは古代ギリシャの哲学者プラトン。彼は、記憶を蝋の板みたいなものと考えたらしい。つまり、蝋の板に文字を書いたり、絵を描いたりするようにいろんなものが刻まれていく様子を記憶にたとえた。すごくシンプルだけど、これも一種の記憶のモデルといえる。

　現代の心理学者は人間の記憶をよくコンピュータにたとえる。人間とコンピュータはもちろん同じではない。だけど似たところもいっぱいあるから、人間の記憶を説明する場合にも、情報とかインプット（入力）とか保存とか検索といった情報処理用語（コンピュータの説明に使う用語）がよく使われる。

　さて、記憶と一言でいうけれど、記憶には3つの段階があると心理学者は考えている。まず、なにかを覚える段階。つぎにそれを頭の中にとっておく、つまり保持する段階。そして保持しておいたものを思い出す段階だ。記憶研究の分野では、覚えることを**記銘 memorization**、とっておくことを**保持 retention**、思い出すことを**想起 remembering** とか**再生 recall** という。

　あなたが学校で勉強してきたことを考えてみよう。英単語、数学の公式、歴史上の出来事なんかを、先生の説明を聞いたり、教科書を読んだりして、覚える。覚えたことを頭の中にとっておいて（保持しておいて）、後日テストのときにそれを思い出す。

　コンピュータにたとえると、記銘は**入力 input** とか**符号化 encoding**、保持は保存とか**貯蔵 storage**、想起・再生はそのまま再生あるいは**検索 re-**

chapter 5―「記憶する」の扉

trievalとか表現される。あなたがふだん使っているパーソナル・コンピュータやスマートフォンなどの情報ツールを思い浮かべてみよう。ワープロソフトで文書を作るためには、キーボードから文字を入力する必要があるよね。スマホのカメラ機能を使うことは、スマホに画像情報を入力することになる。これは人間の記憶でいえば、記銘にあたる。そして、作った文書や読み込んだ写真をハードディスクやメモリーカードなどの記憶装置に保存する。これが保持にあたる。それから、作った文書や写真を編集するために、あとで記憶装置からもう一度取り出す。これが想起にあたる。

##  注意の範囲はとても小さいことを肝に銘じよう

ここでちょっとした記憶テストをやっていただこう。

◇ **テスト1**：7桁の数字列が3つ書いてあります。これを覚えてください。もちろん筆記用具を使ってはいけません。記銘時間は1分です。1分たったら本をひっくり返して、数字列を暗唱してみてください。

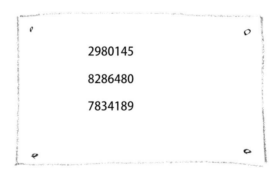

2980145

8286480

7834189

どうだろう？　いくつ思い出せたかな？

なに？　1つだけ？　2つがやっと？　情けないね、ただの数字列なのに……っていうのは冗談。同じようなテストを授業で大学生にやってもらっても、正しく思い出せるのはせいぜい1つか2つがいいところだ。3つとも思い出せる人はとても少ない。1つもできない人だって何人かいる。覚えてもら

psychology

おうとしたのは7桁の数字列だから、市外局番なしの電話番号みたいなものだ。私たちは、はじめて見るものについては、電話番号1つほどしか覚えられないことがこのテストからわかる。

　念のためにもう1度やってみよう。

◆ **テスト2**：つぎの数字列を覚えてください。今度は1分たったら、思い出す前にすぐ下に書いてある計算問題もやってくださいね。

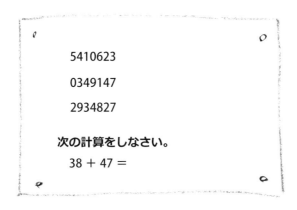

　どうだろう。さっきより難しいって？　1つも思い出せない？

　そう。簡単な計算問題をやらされるだけで、テスト1より思い出せる量が少なくなってしまうのだ。

　さて、2つのテストであなたが使った記憶は、以前は**短期記憶** short-term memory とよばれていたが、最近では**ワーキングメモリ** working memory とよばれている。短期という言葉がついていたことからもわかるように、この記憶は、わずかな間しか情報を保持することができない。テスト1でいったんはいくつかの数字列を覚えたつもりになったと思う。でも、思い出そうとしたときには、もうほとんどを忘れてしまい、たった1つか2つしか思い出せない。テスト2のように余計な課題をやらされると、もうお手上げだ。

　ワーキングメモリは、まさに頭をはたらかせている（working）って実感を伴う記憶だから、注意とか意識と言い換えるとわかりやすいだろう。思い出

すことができたのは、注意を集中させていた数字列だけだったのじゃないかな。じつはテスト2で計算をしてもらったのはあなたの注意を数字列からそらすためのイジワルだったんだ。注意が別のものに向くと、直前まで注意していたものでも思い出せなくなってしまう。つまり、私たちがワーキングメモリとして保持することができる範囲は、電話番号にして1つかそこらということになる。とても少ないのだ。だから、私たちは同時にいろいろな作業をすることは無理なんだな。ややこしいことが書いてある本を読みながら、計算問題を解くとか誰かとおしゃべりをするとかできないだろう？　無理じゃないまでも、はじめに述べたようにテレビを見ながら勉強するなんていうのは、とても効率が悪いことになる。「歩きながらスマホをいじるのは危ないよ」と言われてもやっている人が多いのは、スマホをいじりながらでも歩くことはできるからな

のだろう。だけど、スマホに注意が向いているときの歩くスピードはけっこう落ちているんだよ。自動車を運転しているときにいじるなんていうのは言語道断。危険なことこの上ないんだけど、それでもやっている人を見かけるね。ワーキングメモリの量（注意を向けられる範囲）はとても少ないってことをちゃんと理解したあなたは、絶対にこういうことはしないようにしよう。

psychology

## 3 思い出と知識は異なるタイプの記憶

さて、つぎのテストだ。

> ✧ **テスト3**
> ・あなたの実家の電話番号は？
> ・昨日食べた晩ご飯のおかずは？
> ・この前の日曜日、なにをしていた？
> ・三角形の面積を出す公式は？
> ・日本の首都はどこ？

　バカにするなって言われそうなくらい、今度は簡単だよね。このテスト3で思い出せたものは、前にやってもらったテスト1や2のように別に注意・ワーキングメモリを集中していたわけではない。まさか昨日の晩ご飯を食べて以来、ずーっと「ハンバーグ、ハンバーグ」とか、「カレーライス、カレーライス」と暗唱していた人はいないだろう。でも、ちゃんと思い出せたはずだ。ここで使われた記憶は、テスト1や2で使われたワーキングメモリとはどうも違うようだ。大きな違いは、注意を集中していなくても思い出せるってこと。つまり、注意を集中していなくても思い出せる、頭の中にしっかりと安定している記憶といえる。言い換えると、あっという間に消えてなくなるのではなく、ある程度長い期間頭の中に保持されている記憶だから、この記憶を**長期記憶** long-term memory という。

　ただし、短期記憶とか長期記憶というのはちょっと誤解されやすい命名だ。短期、長期といっても、何秒、何分、何時間までが短期と長期の境目かなんて決められないからね。大事なポイントは、注意の必要性だ。注意していないと思い出せないのが短期記憶、していなくても思い出せるのが長期記憶、と考えるとわかりやすい。短期記憶・ワーキングメモリと違って私たちのもっている

長期記憶の量はとても多い。電話番号1個どころではない。思い出せることはあまりに膨大だ。ほとんど無限といってもいい。

さて、短期記憶・ワーキングメモリと長期記憶のように、記憶は1種類だけじゃなくていくつかの種類に分けられそうだ。というわけで、記憶を研究している心理学者は、記憶にはどんな種類があるのか、とくに長期記憶をどういうふうに分類したらいいのかを考えてきた。

テスト3をもう一度見てほしい。どれも長期記憶ではあるけど、昨日の晩ご飯や日曜日にしていたことと、三角形の面積の公式や日本の首都では、なんとなくタイプが違う気がするだろう。どこが違うのだろう？　昨日の晩ご飯や日曜日にしていたことっていうのは、あなた自身が経験した出来事だよね。だから正解はもちろん1つじゃない。あなたは昨日ハンバーグを食べたかもしれないけど、別の人はお寿司かもしれない。このように人によって答えは異なるわけだが、一方、三角形の面積の公式とか日本の首都というのは、自分自身の経験とは関係ない。誰にとっても底辺×高さ×1/2が正解、東京が正解。答えは1つしかない。これらは一般的な事実とか常識についての記憶といえる。

タルヴィング（E. Tulving）は、これらタイプの異なる記憶を分類して名前を付けた（タルヴィング、1985）。彼は、自分自身が経験した出来事についての記憶を**エピソード記憶** episodic memory、一般的な事実についての記憶を**意味記憶** semantic memory とよんだ。いわゆる思い出というのは、エピソード記憶の典型例だ。思い出は、自分自身が経験した出来事についての記憶で、いつ、どこで、なにをしたのかという情報を伴った記憶だから、まさにエピソード記憶だ。一方、意味記憶は一般的な事実とか常識についての記憶だから、これは要するに"知識"だね。本能寺の変とか、太平洋戦争というのは、明智光秀やあなたのおじいちゃんやおばあちゃんにとっては、エピソード記憶（あるいはつぎに出てくる自伝的記憶）になるけど、あなたにとっては日本史の授業で習った知識であって、実際に経験したわけではないから意味記憶だ。

psychology

## 4 人生の中で経験した重要な出来事の記憶

　思い出もエピソード記憶っていったけど、その内容にはいろいろあるよね。昨日の晩ご飯といっても、いつも通りの晩ご飯と、自分の誕生日でごちそういっぱいの晩ご飯とでは、思い出としてのレベルはかなり違う。3年前の今頃大失恋をして、ショックでしばらく立ち直れなかった……、なんてのになるともっと"濃い"思い出になるだろう。

　自分自身が経験した事柄の中でも、とくに強く思い出として残っていて内容のとても濃い記憶、大げさにいえば、自分の人生を左右したような出来事とか、アイデンティティの形成（74ページ）に関係したような経験についての記憶を、**自伝的記憶** autobiographical memory という。もし、あなたが自分の人生を振り返って自伝を書くとしよう。その伝記の中にどんな出来事を含めるだろうか？　当然、とても大事な、人生を左右したような、強力な思い出として残っている出来事を選ぶはずだ。それくらい自分自身にとって強烈な出来事についての、まさに自伝を書くとすればそこに含めたくなる出来事についての記憶。これが自伝的記憶だ。

　自伝的記憶も自分が経験した出来事についての記憶なので、エピソード記憶の一種ではあるのだが、両者にはいくつか特徴の違いがあるから、記憶理論の上では区別して位置づけている研究者が多い。たとえば、自伝的記憶は、かなり以前のことでも鮮明に思い出すことができる。私も幼稚園時代の日常のことはほとんど覚えていないが、つまり、古いエピソード記憶はほとんど忘れているが、いじめっ子に泣かされたり、近所の犬に追いかけられてものすごく怖かったりしたことなら、今でもよく思い出せる。また、エピソード記憶と自伝的記憶とでは、出来事を経験したときの年齢に関係した特徴にも違いがある。多くの場合、エピソード記憶は新しいものほど想起しやすいが、自伝的記憶として想起されやすいのは、その元になる経験をした年齢が特定の時期に集中しているのだ。年配の人を対象に自伝的記憶の想起を求めると、10～30歳くらい、つまり、思春期から青年期の経験をとくにたくさん挙げる（この現象を**レミニセンスバンプ** reminiscence bump という）。思春期から青年期にかけては

chapter 5 ─「記憶する」の扉　127

アイデンティティの形成に関係する経験を多くするためだろう。大失恋してものすごく落ち込んだ、はじめての外国旅行で興奮の連続だった、などという若い時代のドラマチックな経験は、歳をとってからでも鮮明に想起される可能性が高いということだ。言い換えれば、こうした経験の記憶は一生自分について来るということになる。だから、若い時代にはどうせなら楽しい経験がたくさんできるといいね。

ただし、自伝的記憶であっても（もちろんエピソード記憶も）、3歳くらいより前の経験はほとんど想起できない。これは誰でも知ってる当たり前のことなのだが、考えてみるとちょっと不思議だ。生まれてから3歳くらいまでの期間、たいした出来事がおこらず、退屈な日々を送っていたわけでは決してないからだ。むしろ、ものすごくドラマチックな経験を私たちはたくさんしている。まず、この世に生まれ出る！（スゴいことだよね）、はじめて光を感じる、はじめて泣く、はじめてお母さんのおっぱいを吸う、はじめて抱っこされる、はじめておっぱい以外の食べ物を口にする、はじめて「ママ、パパ」という言葉を発する、立てるようになる、歩けるようになる……、どれもムチャクチャ

にドラマチックなことばかりなのだから、少しくらい覚えていてもよさそうなものではないか。でも、大人になってから見事にこれらは想起されない。この特徴には**幼児期健忘** childhood amnesia という名前がわざわざつけられているくらいだ。幼児期健忘の理由は、脳の中で記憶に関係する海馬という部位の成長が未熟であることや、言葉の発達との関連、また、幼児の頃まではそもそも自分というものが理解されていないため、自分の経験としてのエピソード記憶や自伝的記憶ができにくいのではないか、などいろいろな推測がされているが、まだ十分には解明されていない。

## マニュアルというのはなぜわかりにくいのか？

エピソード記憶と意味記憶の他にもいろいろな記憶の分類が行われている。この2つは、その内容をどちらも言葉で表現できるね。これらの言葉で表現できる記憶は**宣言的記憶** declarative memory とよばれている。でも、私たちの記憶のすべてが言葉で表現できるわけじゃない。

たとえば、自転車の乗りかた、ラケットの振りかた、ボールの投げかた。しばらく自転車に乗っていなかったとしても、一度乗りかたをマスターしている人であればちゃんと乗れるだろう。久々にキャッチボールすると、ボールが変な方向に飛んでいったりしてうまく投げられないかもしれないが、しばらく練習すればなんとかなるだろう。これは学習された運動技能が、記憶されていると考えることができる。運動技能を言葉で表現することは難しい。試しに自転車の乗りかたを言葉で説明してみようか。「サドルに座って、ハンドルを握って、まず片足を片方のペダルにかけて、少しこいで、ちょっと進んだらもう一方の足を……、転びそうになる前にバランスを取って……」なんてことになるのかな。でも、もし、自転

chapter 5 ―「記憶する」の扉

車に乗れない人がこの説明を聞いて、これを言語的に丸暗記したとしても、もちろん絶対に乗れるようにはならない。自転車に乗れるようになるためには、その人自身が、自分で自転車に乗る練習を重ねて、自分自身の運動技能の記憶を作らなければならないからだ。

　料理の作りかた、パソコンなどの機械類の使いかたにかんする記憶も、言葉だけでは表現しきれない。確かに料理の本やパソコンのマニュアルには、ちゃんと言葉でそれぞれの説明がされている。だけど私たちは、目玉焼きやカレーライスの作りかた、アプリケーションソフトの使いかたをマニュアル通りの言葉で記憶しているわけではない。言葉のたんなる寄せ集めではなく、体をどうやって動かすかという運動技能の記憶を含めた、一連の手続きとして記憶している。これを**手続き的記憶** procedural memory という。宣言的記憶と対比させて覚えておこう。だから、料理の作りかたやパソコンの使いかたを言葉だけで説明することは、運動技能の説明と同じですごく難しい。これらを学ぼうとしたら、料理の本を読むより、テレビの料理番組などの方がずっとわかりやすい。機械類のマニュアルもたいていはわかりにくく感じるので、読むのが億劫だよね。実際に料理しながら、機械をいじりながら、その上でマニュアルを読みながらやっと理解できる。逆に言うと、よくマニュアルの類いがわかりにくく感じられるのは、そもそも言葉で表現しきれないこと（手続き的記憶の元になるもの）を、言葉だけで説明しようという無理なことをしているからなんだ。

 ## 6　色に関係する記憶——色記憶と記憶色

　色に関係する非言語的な記憶もある。

　色には、赤、青、青紫、ショッキングピンク、ターコイズブルー……といったさまざまな色名（言葉）があるけれど、1つの色名がただ1つの色をあらわしているわけではない。赤といってもいろんな赤があって、それらすべてに名前が付けられているわけではないので、視覚経験としての色を正確にあらわす言葉があるわけではないんだ。

　私たちがある色を見て、それについて保持している記憶を**色記憶** color memory という。色記憶の研究では、多くの場合、色票という科学的な研究

で用いられる厳密に規格化された色のサンプルを記銘してもらい、一定の期間のあとに、記銘したものを想起させるという方法で調べる（具体的にはいくつかの色票の中から正しいと思うものを選択させたり、記憶している色を作らせるといった方法で想起させる）。色記憶は、保持された色にかんする情報が、一定の方向に変容して想起される。つまり、暗い色、くすんだ色は、より暗い色、よりくすんだ色として想起されやすいし、逆に、明るめの色、あざやかな色は、より明るめの色、よりあざやかな色として想起されやすいのだ。

　また、色相（赤、青、緑、黄……といった色の違い）にかんしては、記銘された色が含まれるカテゴリーの中で最も典型的な色に近づいて想起されやすい。たとえば、少し青味がかった緑を記銘した場合でも、より緑らしい緑が想起される。つまり、記銘した色の特徴が保持されている間に強調され、より一般的なものに変容しやすい。また、記銘の際、色票だけでなく、それをあらわす特定の色名と一緒に記銘すると、その色名の方向に記憶が変容することもある。たとえば、青と緑の中間の色を記銘する際、「これは青だ」思って記銘した場合には、想起される色は青に近づくし、「これは緑だ」と思って記銘すれば緑に近づく。だから、色記憶として保持されているのは、元々は微妙な特徴を含んでいる生の色そのものではなく、いくつかの典型的な色（赤、青、緑、黄、白、黒……など）にカテゴリー化されたものと考えられるんだ。

　さて、もう１つ、色に関係する記憶がある。**記憶色** memory color というものだ。前で述べた色記憶と記憶色、名称が似ているので混乱しやすいのだが、別のものなので気をつけてほしい。多くの人はリンゴの色といえば赤、レモンの色といえば黄を思い浮かべるだろう。このイメージとして記憶されている対象の色が記憶色だ。前に説明した色記憶は、個別で具体的な事物の色の記憶、たとえば、"昨日の夕食でデザートに食べたあのリンゴの色"を指すのにたいして、記憶色の方は、ある事物のカテゴリー全体、つまり、"概念としてのリンゴ一般にたいしてイメージされる色"のことを指す。だから、色記憶も記憶色も非言語的な記憶なのだけど、色記憶は個別の色の経験に基づいているという点でエピソード記憶的、記憶色はその事物の一般的な色についての知識だから意味記憶的ということになる。

　色記憶と同様、記憶色も実際の事物の色からは変容していることがよくある。

「桜の花びらってどんな色？」と尋ねられたら、あなたはどんな色を思い浮かべるだろう？　たぶん淡いピンクといったところではないかな。でも、よく目にするソメイヨシノという種類は、実際にはほとんど白に近い色だ。ソメイヨシノの花びらの記憶色は淡いピンクに変容しているということだ。また、晴天の空の色というとあざやかな青とか濃いめの水色といったものを思い浮かべる人が多いだろうが、よく晴れた日の空でも実際の色は薄い水色だ。空の記憶色も、実際の空の色からは変容しているわけだね。

　記憶色は、多くの場合その事物の色の特徴が強調されるように作られる。つまり、実際の事物よりもあざやかになったり、微妙な色の変化があるような部分は省略され、最も大きな面積を占めてその事物の基調となる色（**主調色 dominant color**）が誇張されたりする。ただし、いつも対象の物理的な特徴が強調されるとはかぎらない。好き嫌いといったより高いレベルの情報処理が記憶色に関係することもある。肌の色がその例だ。日本人の肌に対する記憶色は、実際の肌の色が強調されるのではなく、逆におだやかな方向、つまりあまりあざやかではなく、淡い色に変容している。これは、多くの日本人が色白の肌を好ましく感じることの影響だろうと考えられている。

　ちなみに、こういう記憶色の特徴のため、写真や映像などで実際の事物の色が忠実に再現されていると、私たちはそれらを見て違和感をもってしまうことがある。だから、違和感をもたせないようにするために、製作者は事物の色を記憶色に近づけるような修正をよく行っている。

## "未来"の記憶

　ところで記憶というと、エピソード記憶にしても意味記憶にしても手続き的記憶にしても、ふつうは過去の事柄についてのものだよね。でも、これらとはちょっとタイプの違う記憶、"未来"についての記憶というものもある。今日学校へ行ったら、友達に昨夜見たテレビのことを話してみようとか、学校へ行く途中でコンビニに寄って、ボールペンを買って行こうと思ったとする。このことをちゃんと予定通りするためには、これらを記銘しておいて、あとで想起しなければならない。だからこれらも記憶といえる。こういうこれからやろう

としていること、つまり未来に行う行為についての記憶は、**展望的記憶** prospective memory といわれている。

　さて、「学校へ行ったら、友達に昨夜見たテレビのことを話してみよう」「学校へ行く途中にコンビニに寄って、ボールペンを買って行こう」と予定を頭の中で立てるとする。でも、こういうことってよく忘れてしまわないかな？　学校へ行って友達に会ったのに、テレビの話をすることをころっと忘れてしまう。学校へ着いてから、「しまった。コンビニに寄ってくるのを忘れた」と気づいたりとかね。私は通勤途中にあるポストに郵便物を投函しようとしていたのに、それをそのまま鞄に入れて帰ってきてしまうことがしょっちゅうあるよ。

　おもしろいことに、この展望的記憶は、上の例のようにとても想起に失敗しやすいという特徴をもっている。でも記憶の内容そのものがなくなってしまうわけじゃなく、だいたいはあとでちゃんと思い出せる。そして、「いけない！なんで忘れちゃったんだー！」なんて悔しい思いをする。だから、正確にいうと、展望的記憶は、想起のタイミングを逃しやすいということだ。展望的記憶は、日常生活や仕事を順調に進めていくためには、過去についての記憶以上にとても大事な記憶だ。大学生のうちはまだいいかもしれないけど、社会に出て仕事をするようになると、予定を立てて、あとでそれを実行して、ということの繰り返しが多いだろう。つまり、展望的記憶を多用することになるわけだ。だから展望的記憶の想起に失敗ばかりしていては、社会人としての信用を失ってしまう。そうならないためには、メモをとる習慣や手帳の効率的な使いかた、やるべきことの列挙（TO DO リストを作る）、自分に合った予定の立てかたなど、意識的なスケジュール管理＝展望的記憶の管理、が必要だ。

## "古いものほど忘れやすい" というのほんとうか？

　思い出すことを想起というと前に述べたけど、あることが思い出せないこと、つまり想起に失敗することが、要するに忘れてしまうということ（**忘却** forgetting）だ。昨日の晩ご飯は想起できるだろうけど、1週間前の晩ご飯だと難しい、1カ月前の晩ご飯となるとふつう想起することは無理、つまり忘却してしまっていることだろう。エピソード記憶にしても意味記憶にしても、私

たちはすべてのことを想起できるわけじゃない。じゃあどういう場合に想起できなくなるのか、つまり、忘却されやすいんだろうか。昨日の晩ご飯は想起できるけど、1カ月前は無理、まして1年前なんて、なにがなんでも無理……。このシンプルな例から、誰でもすぐに思いつくのは、古い事柄は忘却しやすい、古ければ古いほど忘却しやすい、ということだ。つまり、時間経過が忘却の原因ということになる。

　確かに昨日よりは3日前、3日前より1週間前、1週間前より1カ月前の事柄の方が想起は難しく感じることが多い。でも、そうでない場合もある。前に出てきた自伝的記憶のことを思い出してほしい。ものすごく楽しかった、あるいはつらかった出来事、ものすごくびっくりした出来事であれば、1カ月前どころか1年前であっても、場合によっては何年経っていたとしても、想起できるだろう。逆にわずか数日前の出来事であっても、それがとるに足らないようなことだったら、想起できない場合だってある。

　前にも述べたように、1カ月前の晩ご飯が、たとえば誕生日のごちそうだったなんてことであれば、思い出せる可能性が高い。こうなると、古ければ古いほど忘却しやすい＝時間経過が忘却の原因、という説をちょっと疑ってみる必要がありそうだ。

　1週間前の晩ご飯を想起することが難しいというのはふつうに生活をしていれば当然のことだ。だけど、もし仮に、あなたが1週間前に晩ご飯を食べたきり、病気で今日までなにも食べられなかったとしよう。この場合だったら、たぶん1週間経っていようと、晩ご飯の内容は思い出せるんじゃないかな？　最後に食べた晩ご飯の記憶が、そう簡単に忘却されることはないだろう。

　じゃあ、逆に、毎日晩ご飯を食べるというふだんの生活をしていると、なんで1週間前のことが忘却されてしまうのか？　実感としてはこんな感じじゃないだろうか。1週間前の晩ご飯が想起できないのは、毎日毎日ご飯を食べるとご飯の記憶が積み重なって、以前の記憶の内容にたどり着けなくなってしまうからだ……。

　記憶が積み重なるというのは比喩的な表現だけど、とてもわかりやすいだろう。自分の机の引き出しにものをどんどん入れていくと、奥の方にしまってあったものほど取り出しにくくなるというのと同じだね。引き出しも私たちの頭も、

psychology

物がたくさん入ってごちゃごちゃしてくると、それらが邪魔になって目的のものが見つけにくくなってしまうわけだ。私たちは、生きているかぎり、たくさんの情報をどんどんどんどん頭の中に取り込んでいる。記憶しようと意図しなくても、情報は頭の中に入ってくる。そして、その情報が互いに妨害しあって、あるものは想起されなくなってしまうというわけだ。記憶が互いに干渉しあうというイメージだね。こういう説明のしかたを忘却の**干渉説 interference theory** という。

　ここで、古いことほど忘れやすいのではないかという時間経過の要因をもう一度考えてみよう。古い事柄は、それがおこってから時間がたくさん経過している。時間がたくさん経過しているということは、その間にたくさんの事柄を経験しているはずだ。当然、その分情報もたくさん頭の中に入っているわけだから、妨害の量も大きくなる。つまり、時間が経過するということは必然的に妨害の量が大きくなることを伴う。というわけで、ふつう私たちが素朴に感じる古いことほど忘れやすいという時間経過の要因も、干渉説によって説明できるのだ。

## なぜ、思い出せないんだ！

　さっき想像してもらった、物がいっぱい入った机の引き出しをもう一度思い浮かべてほしい。この引き出しにしまっておいたはずの消しゴムを探してみるとしよう。一生懸命探してみるが、なかなか見つからない。このとき、2つの可能性が考えられる。どんどん引き出しに物を入れてきちんと整理しないものだから、いつの間にか消しゴムは引き出しからこぼれ落ちてしまったか、あるいは、消しゴムは引き出しの奥にひっそりと存在しているのだけれど、あまりに引き出しが乱雑なのでちゃんと見つけてあげられない、という 2 つだ。

　「あのことが思い出せない」と私たちが感じるとき、つまり、想起に失敗するときにも、大きく分けて 2 つの場合が考えられる。1 つは、完全に"あのこと"というのが頭の中から消えてしまった場合だ。これは引き出しの中にもう消しゴムがないという場合に相当する。長い時間が経つうちに、あのことの記憶が他の記憶からたくさんの妨害を受けて、いわば風化してしまったというイ

メージだ。これを**減衰** decay による忘却という。

　もう1つは、減衰したわけじゃないけれど、その記憶にたどり着けず、その結果想起できないという場合だ。これは引き出しのどこかにあるのに消しゴムを見つけてあげられない場合に相当する。こちらはちょっと情報処理的な表現で、"検索に失敗した"ということがある。風化して無くなってしまったわけじゃないけれど、目的の記憶にたどり着けないというイメージだ。「えーっと、この人の名前なんだったかな。ほら、あれあれ。えーい、わかっているんだけど出てこない！」……なんて場合、"喉まで出かかる"っていうだろう？これは検索失敗の極端な場合だ。ちなみに、英語ではこれを"舌の先まで出かかる"という。そこで心理学では、この状態を **TOT現象** tip-of-the-tongue phenomenon とよんでいる。

　このように、想起に失敗する（忘却する）場合、減衰か検索失敗の2つの可能性があるということだ。とはいえ、あることが想起できなかったとき、その記憶が減衰してしまったからなのか、検索に失敗したからなのか、当事者でもすぐには判断できない。意味記憶の例を説明するために、私は記憶の授業で大学生なら知っているはずのことをいくつか質問する。たとえば、「$ax^2+bx+c=0$ という二次方程式の解の公式は？」や、「大化の改新がおこなわれた年は？」とかだ。これくらいちゃんと覚えているだろうと思って尋ねてみるけど、残念ながら思い出せない学生もいる。でも「ほら、$-b$ とか、ルートの前に±がつくとか」だの、「ムシコロスなんとか、って覚えなかったかな？」とか少しヒントを与えると正解を思い出せる学生が多い。思い出せたということは、検索に失敗していたのであって、減衰していたわけではなかったということになる。

 ## 小、中学校で習った漢字のテスト。簡単すぎ？

　ここでまたテストをやっていただこう。今度は漢字の書き取りだ。でも、そんなに難しいものじゃない。小学校や中学校で習うものばかりだから心配しないで。ただし、このテストは問題の出しかたがふつうの書き取りとはちょっと違うよ（この課題は、齋藤・四方［1988］の研究を参考にさせていただきました）。

◇ **テスト4**：つぎの部首のついた漢字をできるだけたくさん書いてください。制限時間は1つの部首につき1分。各部首について、10個以上書くことを目標にしてね。

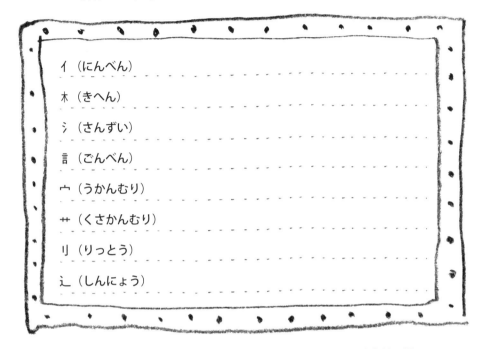

さあ、今度はどうだった？ このテスト、簡単そうに思えるけど意外に難しい。1分で10個を想起するのは大変なはずだ。授業でこの課題を学生にやってもらうと、みんな相当に苦しんで、それでもやっと1つの部首につき、4〜5個程度が書けるにすぎない。苦し紛れに、存在しない漢字を書いてしまう人もいる。

ではほんとうにそれぞれの部首がつく漢字はそんなに少ないのだろうか？ もちろんそんなことはない。各部首のつく漢字の例は次ページの通りだ。

ここではそれぞれ15個を挙げたが、もちろん表のものがすべてではなく、ほんとうはもっとたくさんの漢字がある。しかも、はじめにいった通りこれらは小学校や中学校で習ったものだから（ほとんどは小学校）、あなたがとてもよく知っている漢字ばかりだろう。

chapter 5—「記憶する」の扉

| イ（にんべん） | 休何作体仕他代住使係倍付仲伝位 |
| 木（きへん） | 村林校板柱根植様横橋札材松梅機 |
| 氵（さんずい） | 池汽海活決泳注波油洋消流深温湖 |
| 言（ごんべん） | 計記話語読詩談調訓試説課議許設 |
| 宀（うかんむり） | 室家安守実定客宮宿寒完官害察宇 |
| 艹（くさかんむり） | 花草茶苦荷葉落薬芸英芽菜若著蒸 |
| リ（りっとう） | 列別利刷副刊判制則刻割創劇刈刑 |
| 辶（しんにょう） | 近週通道返送追速進運遊辺連達逆 |

　よく知っているのに、どうして想起がこんなに難しいのか？　このテストで
は部首を手がかりとして想起を求めたわけだが、じつはこの手がかりが漢字の
想起にとって適切な手がかりではなかったんだ。たとえば「言（ごんべん）」
のところで、ケンセツのセツとかクンレンのクンとか、たんにその漢字が使用
される熟語の読みが手がかりに与えられれば、すぐに想起できたはずだ。大多
数の人にとっては、漢字を想起するとき、その漢字の読みは手がかりとして有
効だけど、部首はそうじゃないということだ。難しい漢字を漢和辞典で探すと
き、部首索引というのがあって、部首を手がかりにして漢字を探すわけだけど、
私たちの頭は漢和辞典とは違って、部首は適切な手がかりにならないんだね。
　このテストが示していることはなんだろう？　それは、どんなによく知って
いることでも、手がかりが不適切だとちゃんと思い出せない、ということだ。
この想起のしくみを利用した遊びが、なぞなぞだ。なぞなぞを心理学的に理屈っ
ぽく表現すると、"あえて不適切な手がかりを与えて、よく知っているものの
想起を妨げるという記憶のしくみを利用した遊び"ということになる。

psychology

> こげばこぐほど、上に行くものってなに？
>
> 古くなるほど若くなるものってなに？
>
> （なぞなぞクイズ nazo2.net http://www.nazo2.net より）

　よく知っていることなのに、答えを出すのに苦労するのがなぞなぞというもので、もし、「公園や小学校の運動場にあり、板を柱から鎖などでつるし、板の上に乗ってこいで揺らして遊ぶ道具はなんですか」とか、「カメラで撮影して紙に写し取った物体の映像をなんと言いますか」なんて"適切な手がかり"を使った尋ねかたをしたらなぞなぞにはならない。瞬時に答えが出てしまうので、おもしろくもなんともない（答えはわかったと思うけど、ブランコと写真）。

　手がかりが不適切だとちゃんと思い出せない、ということは、逆に言えば、保持されているものが想起できるかどうかは、手がかり次第ということになる。だから、一見、完全に忘れてしまった、減衰してしまったと思えるような場合でも、よい手がかりさえあれば想起できるかもしれない。たとえば、「あなたが幼稚園の頃の友達の名前を思い出してごらん」なんて言われても、たぶんそんなにたくさんは思い出せないだろう。古いことだからもう完全に忘れてしまったと感じるかもしれない。でも、もし、幼稚園のアルバムをひっぱりだしてきて友達の顔を見たら思い出せるかもしれないよ。幼稚園の頃というだけでは手がかりとして不十分でも、アルバムで写真を見せられれば、これがもっと有効な手がかりになるわけだ。想起するには適切な手がかりが必要だということ。これも記憶の重要な特徴だ。

## 想起されたことが事実そのままとはかぎらない
### ——記憶の変容、ニセモノの記憶の誕生

　記憶のモデルのところで、人間の記憶はコンピュータにたとえることがあるといったね。確かに人間の頭は一種の情報処理装置で、コンピュータに似てい

chapter 5—「記憶する」の扉

るところがいくつもある。だけど、当然ながら人間は機械じゃないから、コンピュータと違う点もある。ワープロソフトで作った文書のファイルをパソコンに保存したとしよう。これを1週間後に開いてみる。パソコンになにか不具合がないかぎり、昨日作った文書は作ったままの状態でパソコン上に再現されるはずだ。1年後でも10年後でも当然同じように再現される。ところが人間の記憶はそうはいかない。減衰、検索失敗といろんな忘却が生じているから、コンピュータのように正確に再現されるわけじゃない。

色の記憶のところでも、記銘した色が変容して想起されることを述べたけど、色だけでなく、記憶の変容については、古くから研究されてきた。以前に見たものは、見慣れたものに近づいたり（標準化）、まとまりをもったものになったり（水準化）、あるいは、際だった特徴が強調されたり（強調化）というように、変容していく傾向がある。また、曖昧な図形に特定の言葉を付けて覚えさせると、その名前に近い形に変容することがある。たとえば、鉄アレイともメガネとも受け取れるような図を、「メガネ」と名前を付けて覚え、あとでこれを描こうとすると、よりメガネらしくなる。

バートレット（F. C. Bartlett）は、イギリスの大学生に、彼らが聞いたことのない北米インディアンの民話を聞かせ、直後、数時間後、数日後、数年後にこの話を想起させてみた（バートレット、1983）。その結果、話のだいたいの骨格は元の民話に似ていたけど、元の内容とはいくつか違ったものが想起された。話の細かいエピソードが省略されたり、あるものが別のものに置き換わったりしていた。たとえば"カヌー"というのが"ボート"になったり、"インディアン"が"エスキモー"になったりという具合だ。さらに、オリジナルの話には無かったものが付け加わることもあった。たぶんこれは、話のつじつまを合わせるために意図せずにおこってしまうことなのだろう。

いわゆるデマや風説というのは、誰かから誰かに話が伝わるうちに細かいところが抜け落ちたり、ちょっとしたことに尾ひれが付いたり、それどころかまったく事実と違う内容が付け加わったりして発生する。以前に伝言ゲームってヤツをやったことないかな？　あれと同じようなことが私たち個人の中の記憶でもおこっているわけだ。

こうした記憶の変容が深刻な問題となる場合がある。警察や裁判所が事故や

psychology

事件の目撃証言を扱う場面だ。ロフタス（E. Loftus）は、事故や事件を目撃した人の証言にかんする研究を数多く行っていて、その研究の1つに、質問に使われるちょっとした表現の違いが、証言の内容を変えてしまうことを示したものがある（Loftus & Palmer, 1974）。この実験では、被験者に車どうしが衝突する交通事故の映像を見せたあとで、「車が"ぶつかった（hit）"とき、どれくらいの速度で走っていましたか？」と「車が"激突した（smashed）"とき、どれくらいの速度で走っていましたか？」という2種類の質問を、異なる被験者群にした。これらの質問の違いは、"ぶつかった（hit）"と"激突した（smashed）"という部分だけなのだが、"激突した（smashed）"という質問をされた被験者群の方が、"ぶつかった（hit）"という質問をされた被験者群よりも、車が出していた速度の推定値が大きかった。さらに、この実験の1週間後、同じ被験者群に「割れたガラスを見ましたか？」という質問をした。じつは、実際には映像中に割れたガラスなどというものはなかった。つまり、ひっかけるような質問をしたわけなのだが、結果は、「ガラスの破片を見た」という事実と異なる証言をしてしまったのは、"激突した（smashed）"という質問をされた被験者群の方でより多く見られた。

　これらの研究が教えてくれるのは、私たちの想起した内容には、元のものから内容が変わってしまったものが含まれている可能性があるということだ。時間が経ったり、特定の印象を与える言葉を聞かされたりすることによって、私たちの記憶は変容していくことがある。だから、想起するということは、コンピュータが保存していたファイルをそのままの形で再現することとは違う。想起とは、覚えていたことをそのまま再現することではなく、**再構成** reconstruction することなんだ。

　さて、記憶内容を再構成するどころか、私たちには、実際には経験していない事柄を記憶していることすらある。こういうニセモノも記憶といっていいのかどうか問題のあるところだけど、本人はホンモノの記憶だと思っている。これをまさにニセモノの記憶というわけで、**偽の記憶**とか**虚偽記憶** false memory とよぶ。以前にアメリカで社会問題になったことがあるのだが、成人女性が幼児期にまわりの大人から性的虐待を受けたとして、親や知り合いの大人を訴えるというケースがいくつかあった。ところが、こうした訴えをする

chapter 5—「記憶する」の扉

人の中には、実際にはそのような虐待など受けていないのに、自分でそう思い込んでしまっていた場合もあったのだ。どうしてこんなことがおこるのか？いくつかの研究から、なんらかの精神的トラブルがあり、カウンセリングなどの治療を受けているうちに、偽の記憶が作り出される場合があるということが指摘された。カウンセリングで自分の過去を懸命に思い出そうとしたり、カウンセラーからいろいろな示唆を受けたりしているうちに、実際には存在しない出来事があたかも自分の身におこったように、記憶を作り出してしまう可能性があるということだ。

　偽の記憶は、精神的なトラブルをもっていた人がカウンセリングを受けていたという特殊な状況にかぎって生まれるのではない。多くの研究から、誰でも、繰り返し暗示的な説明を受けたり、出来事を視覚的にイメージすることを繰り返したりすると、偽の記憶が発生する可能性があることが明らかになっている（ロフタス・ケッチャム、2000）。

　私たちは、自分自身におこった重要な事柄についての記憶には間違いなんてないと自信をもっているものだが、必ずしもそうではない。私たちは自伝的記憶についても、それを再構成したり、ほんとうはなかった出来事を作り出したりして、つじつまの合うストーリーを作ろうとしてしまうことがあるのだ。

　再構成にしても、偽の記憶にしても、もちろん、想起している自分自身は、それらがほんとうのことだと思っているわけだから、嘘をついているつもりはない。だから、私たちは想起している内容が、再構成されたものだったりホンモノではないことに、自分自身は気づけないということになる。ちょっと怖いといえば怖いけど、むしろそこがコンピュータとは違う人間の記憶のおもしろいところともいえるね。

## おわりに──メタ記憶を鍛えよう！

　本章では、ワーキングメモリの範囲は小さいだの、し忘れがよくおこるだの、想起された内容は変容しているとか、偽の記憶が生まれることすらあるだの、私たちの記憶がけっこう頼りないものであるってことを強調してしまった。こ

psychology

れらはみなほんとうのことだけど、だからって自分の記憶に不満や不安をもつことはないよ。

とくになにかをマジメに勉強している人にとって、忘れるというのはあまりよくないことのように思える。でも、忘れるというのも人間の重要な行動のしくみなんだ。もし、一度経験したことが忘れられなかったらどうなるだろう？　勉強する手間が省ける？　確かに

そうかもしれないが、いいことばかりじゃない。生きていれば誰だって楽しいことばかりじゃなく、悲しいことやつらいことをいっぱい経験する。まさに忘れてしまいたいことをいっぱい経験することになる。こういう経験の記憶を、コンピュータみたいに、まったくそのままの形で、ずーっと保持していたらどうなるだろう。苦しくて、苦しくて、たまらないはずだよ。事実、心の病気になる人は、悲しいつらい経験がなかなか忘れられなくて"記憶のつきまとい"とよばれる症状で苦しんでいるということも多い。私たちが健康に生きていけるのは、嫌なことを完全には忘れられないにしても、適度に忘れるという記憶の特徴があるからでもあるんだ。

それから、勉強ができるとか仕事ができるとかということは、記憶の能力だけで決まるわけではない。勉強ができる人はもちろん記憶力が悪いわけではないだろうけど、むしろ勉強や仕事のしかたがうまいと考えるべきだ。はじめに書いた通り、現代人である私たちは本来持っている記憶能力だけではなかなか対処が難しい大量の情報を処理しなければならない。だからただ一生懸命記憶する（知識を詰め込む）という勉強だけじゃ限界がある。かぎられた記憶能力をうまく使いこなすには、"勉強のしかたを勉強する"ことも大切だ。

chapter 5——「記憶する」の扉

ちゃんと記銘するにはどうしたらいいか、ちゃんと想起するにはどうしたらいいか、といった記憶の使いかたにかんする知識、つまり、記憶についての意味記憶を**メタ記憶** meta memory という。かぎられた記憶能力をうまく使いこなすには、このメタ記憶を鍛えておくことが重要なんだ。この章で紹介した記憶の特徴を理解して、メタ記憶を鍛え、日々の生活、これからの勉強や仕事に役立ててほしい。


## お薦めの本　>>>>————→

◉ **D・L・シャクター／春日井晶子訳『なぜ、「あれ」が思い出せなくなるのか：記憶と脳の7つの謎』日本経済新聞社（2002）**

　記憶の中でもとくに想起の失敗に着目したテーマで、多くの研究が紹介されています。読み物的におもしろく刺激的に書かれていますので、記憶の不思議さ、おもしろさを感じながら、記憶研究の学習ができます。

◉ **森敏昭・中條和光『認知心理学キーワード』有斐閣（2005）**
◉ **子安増生・二宮克美『キーワードコレクション認知心理学』新曜社（2011）**

　記憶研究は、認知心理学という分野に含まれます。この2つの文献では、記憶だけでなく、人間の知的な行動のしくみに関連した心理学のキーワードを示しながら、それぞれがコンパクトに説明されています。どんな研究が行われ、どんな説が提案されているかがバランスよく扱われていて、事典類や参考書などよりもわかりやすいので、入門書のつぎのステップとして読むにも適しています。

psychology

## 「顔」は特別?

　とくに親しいというほどではない程度の知人に久しぶりに会って、その顔は覚えているのだけれど、なかなか名前が思い出せなかった、という経験は多くの人がしているのではないだろうか。"度忘れ"というのは、普通名詞よりも固有名詞でおこりやすいのだが、固有名詞の中でも、国名や都市名より人の名前でより頻繁におこる（高齢者ほどその傾向が強い）。人の名前を想起することは意外に難しいのだ。

　これにたいして、顔の記憶は、他の事物の記憶に比べるといろいろな面で優れている。顔写真を示し、それが知っている顔かはじめて見る顔かを判断してもらうという実験を行うと、1秒以内で既知か未知かの判断ができる。また、卒業アルバムを使った実験結果によると、顔の記憶は安定して保持されているようで、学校卒業後かなりの年数を経てもなかなか忘れられにくいことがわかっている。

　ヒトには顔の認識に関係する神経細胞、その名も顔細胞というものがあるくらいで（脳の側頭連合野にある）、顔というのは私たちにとって特別なもののようだ。私たちはニコちゃんマークのようなごくシンプルな図柄でもそこに笑顔を読み取ってしまうし、生まれて間もない赤ちゃんでも顔には敏感に反応する。赤ちゃんは顔のイラストを見つめたり、大人が舌出しをするのを見せるとそれをマネしたりすることがある。

　集団生活をするヒトという種は、他者がなにを考え、どういう気分でいるかを読み取ることができなければ、集団の中で適切にふるまうことができない。だからそれらがあらわれる顔というものに敏感に反応できるしくみが備わってきたのかもしれない。

chapter 5 ─「記憶する」の扉

145

## 状況の不一致を乗り越えて

　悲しい気分のときには悲しい思い出がよみがえりやすく、楽しい気分のときには楽しい思い出がよみがえりやすい。Chapter 1（つきあう）のコラムでも取り上げられている気分一致効果は記憶の面でも認められていて、記銘時と想起時の気分が一致している場合の方が想起されやすく、不一致だと想起されにくい。

　気分や生理状態のように、自分の内的な状態の一致、不一致だけでなく、外的な状況の一致、不一致が想起のされやすさに影響することもある。Godden & Baddely（1975）は、ちょっと極端な条件を設定してこのことを調べた。彼らの実験では、記憶材料を水中で記銘させる条件と陸上で記銘させる条件、さらに、記銘したものを水中で想起させる条件と、陸上で想起させる条件を設定した。そして、記銘と想起が同じ状況の場合（記銘も想起も水中で、または、陸上で行う）と、記銘と想起が異なる状況の場合（記銘を水中、想起を陸上で、または、記銘を陸上、想起を水中で行う）とで成績を比較した。結果は、記銘と想起が同じ状況の場合の方がよい成績になった。私たちはなにかを記銘するとき、そのターゲットだけでなく、周辺にあるものもターゲットと結びつけて自分の記憶に取り込んでいるらしい。それが想起の適切な手がかりになることもあるのだ。

　ところで、気分一致効果や上記の実験結果から、入学試験や検定試験の本番などで実力が発揮できない場合の理由の一部も説明できる。試験の本番、つまり想起が求められるときは緊張しているだろうから、ふだん勉強しているとき（記銘しているとき）の気分とは違うだろう。試験の本番が行われる会場は、ふだん勉強している自宅の部屋や図書館とは違う。……と、事情を説明してみても試験対策にはならないので、状況の不一致を乗り越えられるくらい一生懸命勉強するしかないかな……。

psychology

# Chapter 6
# 「悩む」の扉

## はじめに
### ──うまく悩めるようになるために

　大切な面接の前日に不安や緊張でドキドキして眠れなかった、ものすごい音の雷が鳴り響いて体の震えが止まらなかった、テストの残り時間が足りそうになくて焦りまくった……。これらは誰もが経験したことのある不安や恐怖、ストレスに満ちた状況であるといえるだろう。

　私たちは不安や恐怖、ストレスの影響によってさまざまな心身の不調を引きおこすことがある。だから不安や恐怖、ストレスを、生きていく上でのやっかいなものだと思っている人が多いに違いない。でも、不安や恐怖、ストレスのような反応は、本来は私たちの命を守るためにあるしくみだ。決して私たちを苦しめ痛めつけるだけのやっかいなものではない。たとえば山の中で猛毒をもつヘビに遭遇したとしよう。この危機的な状況で大事なことは、自分の命を守るためにヘビから逃げることだ。それなのに恐怖を感じずにうっかりヘビに近づいていってしまったらどうなるだろうか？　危険な場面や差し迫った事態に対処するためには、最大限に心身を活動させなければならない。そのきっかけとなるのが、不安や恐怖、ストレスなのだ。

　不安、恐怖、ストレスと同じように、多くの人は、"悩む"とか"悩み"という言葉にもマイナスイメージをもっているだろう。悩んでいるときは、苦しいし、つらいし、食欲がなくなるし、眠れなくなることもある。逆に、いつもより食欲が増し、睡眠時間が長くなることもある。こんなときには、いつもと

chapter 6―「悩む」の扉

147

違う心身の反応に戸惑い、つらいばかりで、いいことなんてなにもないように思えてしまう。

あなたは、今どんなことに悩んでいるだろうか？　あなたが大学生くらいの年代なら、友人関係や恋愛問題、学校やアルバイト先での人間関係、自分の将来……などだろうか。どんな悩みにせよ、それがうまく解決されないときには、イライラしたり、悲しくなったり、憂うつで無気力になってしまったりする。

でも、悩んでいるときというのは、あきらめずに困難なことと闘っている証拠でもある。悩むこともまた、私たちが自分自身を守るためにとる大切な行動なのだ。また、困難に出会ったとき、逃げずにそれと向き合ってしっかり悩んでおくことは、同じような困難に再び出会ったとき、それを乗り越える可能性を高める。しっかりと悩むことが、考えかたの幅を広げ、新しい見かたに気づかせてくれる人間的な成長をもたらすのだ。だから、「つらいとき、悩んで苦しいときは成長のチャンス！」という逆転の発想をもってほしい。大切なのは、悩まずにすませることではなく、どう悩むのか、どのように悩みとつきあっていくのか、いわば、"うまく悩むこと"だ。うまく悩めないと、最悪の場合、自殺という選択をしてしまうことだってある。

あなたがストレスで押しつぶされそうでつらくてしかたがないとき、そのピンチをチャンスに変えられるよう、うまく悩めるようになってくれたら、と願いながら、この章では悩むという行動をいろいろな側面から見ていこう。

psychology

## 年齢を重ねても尽きることがない悩み

　大学生くらいの年代は**青年期** adolescence といわれ、子どもから大人へと成長するために、体の変化とともに大きな心の変化が生じる。その心の変化の中で、Chapter 3（育つ）でも出てきたように、「自分は何者であるのか」「どのように生きていったらいいのか」という疑問にたいする答えを見つけようとあがき苦しむことがある。これは**アイデンティティ** identity を求めての重要な心の動きなのだが、アイデンティティをつかむことは困難な課題でもある。青年期はアイデンティティを模索している真最中だから、多くの悩みや苦しみをもつのは当然のことだ。だから、今のあなたがいろいろなことに悩み苦しんでいたとしても、なんら異常ではない。むしろ青年期は悩み苦しむことを通して自分らしさを作り上げ、子どもから大人へと大きく成長する時期だから、悩むことは必要不可欠だといえる。

　アイデンティティの模索というほどではないが、もっと日常的な悩みや苦しみもある。以前、私が大学の授業で、受講生がふだんどんなことに悩んでいるかを調べたところ、「レポートや試験勉強が大変」「恋人がほしいのにできない」「失恋から立ち直れない」「彼氏の浮気が不安」「友達との関係が気まずい」「バイト先の人に意地悪される」「自分の性格が不満」「自分に誇れるものがない」「なんでもネガティブに考えてしまう」「親がうるさい」「やせたいのにやせられない」「自分がなにをやりたいのかわからない」「ちゃんと就職して自立できるのか心配」などが挙げられた。青年期にある大学生は、学業のこと、自分自身のこと、親との関係、友人や異性とのつきあい、容姿、将来などが、悩みのタネになっていることが多いようだ。

　悩むことは青年期だけに特有なことではない。若い人には想像しにくいかもしれないけれど、大学生よりずっと上の年代である人たちもさまざまな悩みを抱えながら日々を過ごしている。何十年も生きてきた人なら、困ったことがあっても要領よく対処できるだろう、だから悩みなどないのではないかと思うかもしれない。しかし、実際はうまく対処できず、深刻な悩みの状況にある年配の人たちはたくさんいる。

近年の日本は自殺大国といわれ、他の先進国と比べても多くの自殺者が出ており、その数は交通事故による死亡者数をはるかに上回っている（総務省や厚生労働省の統計によると、平成28年の交通事故による死者数は3904人、自殺者数は2万1897人）。自殺者のうち7割以上を占めているのは40歳以上の年代で、中年期や老年期に当たる人たちだ。大学生から見れば人生の大先輩、手っ取り早くいえば、お父さんやお母さん、おじいちゃんやおばあちゃんたちの年代なのだ。この年代の人たちの悩みは、健康、お金、家庭、仕事などが原因であることが多いのだが、自殺するほど深刻に悩んでいる人がたくさんいるということだ。

　また、アイデンティティの模索は青年期だけの課題ではなく、大人として自立したあとも人生のあちこちで再びあらわれ、私たちを繰り返し悩ませる。Chapter 3（育つ）でも紹介したように、お父さんやお母さんたちが、仕事や子育てに追われていた時期には予想もしていなかったような変化、たとえば、子どもたちの巣立ちによる家族関係の変化、職場での役割の変化などをきっかけに、これまで自分が歩んできた道は正しかったのか、このままでいいのだろうか……と、悩み苦しむことがある。お父さんやお母さんたちも人生の転換期の1つである中年期（成人期中期）に、生きがいやアイデンティティの再構築を求めて苦しむことがあるのだ。それは一種の"危機"でもある、というこ

とを、わが国の有名な心理学者である河合隼雄は『中年クライシス』という著書の中で論じている（河合、1993）。ここでは日本の文学作品を通して、中年期にあるそれぞれの登場人物が、どのような危機に出会い、彼らがなにを感じ、どう行動したのかが、心理学的な観点を交えながら解説されている（取り上げられている作品は、夏目漱石『門』『道草』、山田太一『異人たちとの夏』、大江健三郎『人生の親戚』、本間洋平『家族ゲーム』など。小説を通して学ぶ中年心理学といえる）。

　中年期よりさらに上の年代であるおじいちゃんやおばあちゃんたち老年期の人たちも、体の衰え、退職に伴う変化や介護による生活環境の変化など、若い人たちには想像しにくい状況に悩みながら、自分はどうありたいのか、死をどのように受け入れるのか、という根源的な問いに直面している。

　このように、年齢を重ねても私たちは悩むということから完全に解放されるわけではない。それぞれの年代に応じた悩みというものがあって、誰でもこれと闘うことになるのだ。

## 創造的な活動には悩みがつきもの

　悩むことは確かにつらくて苦しい。しかし、これは時に"創造の父"となり、大きな成果となって返ってくることがある。前に紹介した『中年クライシス』でも紹介されているが、エレンベルガー（H. F. Ellenberger）という精神科医は、心身が病気になるほど悩み、自己を見つめ直すことによって花開いた創造的な活動のことを**創造の病** creative illness とよんだ。有名な心理学者であるフロイト（S. Freud）やユング（C. G. Jung）も、創造の病を経験したといわれている。心の病気を治す専門家でありながら、フロイト自身も神経症症状に悩まされ、ユングは妄想や幻覚に苦しんだ。

　創造の病は、芸術家にもよく見られる。たとえば、ゴッホ（V. Gogh）は心を病みながらも、さまざまな苦悩や激しい思いを絵画の中に表現した。彼は弟のテオ以外ほとんど誰からもその作品が理解されることがない状況の中で（作品が世間に評価されるようになったのは彼の死後）、わずか10年という短い画家としての活動期間に、それまでの絵画の常識を打ち破り、魂や感情や臨

場感といったものを絵画の中に表現する新しい技法を生み出した。ムンク（E. Munch）の代表作『叫び』は、夕方フィヨルドのほとりを歩いていたときにムンク自身が感じた不安が創作の動機となっている。あなたの好きなミュージシャン、小説家、漫画家にも、創作の背後にはきっと大きな悩みや苦しみがあることだろう。むしろ、なにかを創造するためには、必ず悩みや生みの苦しみが伴っているはずだ。

　創造の病のような苦しみは、学問や芸術に優れた業績を残している人たちにかぎったことではない。こうした特別な才能をもっているわけではない大半の人、要するに私たちふつうの人間でも、新しいことや難しいことに挑戦するときには、悩みや苦しみを抱えるものだ。入学試験に臨む、好きな人に告白する、バイトで今までしたことのない新しい仕事をはじめるなど、あなたにも、なにかを決意したり、挑戦をはじめたりしたときに、悩み苦しんだ経験があるのではないだろうか。うまくできずに投げ出したくなったり、そんな中途半端で情けない自分に泣きたくなったり、不安で押しつぶされそうになったり……。それでも、ぎりぎりのところで踏ん張って困難を乗り越えたときにはなんともいえない達成感を得たのではないだろうか。

## ストレスとはなにか？

　悩みや心の苦しみというとやや文学的な香りがするけれど、心理学では対人関係や職場環境の悩みなどによって引きおこされた心身の不調は、**ストレス** stress 研究の中で扱われてきた。

　ストレス社会、ストレスが溜まる、ストレスが病気の原因……。こんなふうに日常生活のさまざまな場面でストレスという言葉が使われているので、ストレスはよく耳にする言葉だろう。でも、じつのところ、その意味する内容はとても曖昧で、曖昧なのに、なんでもかんでもストレス、ストレス……と、便利かつ安易に使われているのが現状だ。まずはストレスという言葉の使われかたを整理しておこう。

　元々ストレスという言葉は、"外から加えられた力にたいする歪み"という物理学的な意味で使われていた。柔らかい軟式テニスボールに圧力がかかって

歪んでいる状態をイメージしてみるとわかりやすい。その後ストレスという言葉は、医学の領域でセリエ（H. Selye）によって少し違った意味で使われるようになった。セリエの考えかたはとても重要で、ストレス研究の基礎にもなっているので、説明しておこう。

　セリエは、外部からの刺激によって引きおこされた身体の反応を意味する言葉としてストレス反応という語を使った。ここで重要なのは、身体の変調を引きおこす外部からの刺激を**ストレッサー** stressor、それによって引きおこされる反応を**ストレス反応** stress response とよんで、両者を明確に区別したことだ。悩みとの関連でセリエの考えかたをわかりやすく言い換えれば、ストレッサーは、悩みや苦しみの原因となっているもので、いわゆる悩みのタネというヤツだ。一方、ストレス反応は、まさに悩んだり苦しんだりしている状態ということになる。セリエは、ストレッサーが与えられるとストレッサーの種類に関係なく共通したストレス反応が見られることを発見し、このストレス反応を**汎適応症候群**（はんてきおうしょうこうぐん） general adaptation syndrome：GAS と名づけた。また、ストレス反応には３つの時期──**警告反応期** alarm reaction、**抵抗期** resistance、**疲憊期**（ひはいき） exhaustion──があるとした。最初の警告反応期では、ストレッサーに抵抗するための準備態勢を整える。この時期はショック相と反ショック相からなる。ショック相では血圧や血糖値などが下がり抵抗力が低下しているが、反ショック相では交感神経（心身を活発に動かすときにはたらく自律神経）が活性化し、血圧や血糖値の上昇、筋肉の緊張などの反応が生じてストレッサーに対処する。さらにストレッサーが続くと、抵抗期を迎える。抵抗期ではストレッサーにたいする抵抗力が通常時を上回って発揮され、総力を挙げてストレッサーに抵抗する。それでもさらにストレッサーが存在し続け、抵抗が限界に達すると、疲憊期となる。疲憊期では抵抗力が下がり、とうとうストレッサーに耐えられなくなって、さまざまな病気、場合によっては死に至ることになる。

　さて、ストレッサーにはいろいろなタイプがある。たとえば、騒音や極端に暑かったり寒かったりする気候などの物理的な刺激、有害な成分を含んだ化学的な刺激、風邪やアレルギー症状の原因となる病原菌や花粉などの生物的な刺激、日常の生活習慣の変化、人間関係のトラブルなどだ。ストレッサーがもた

chapter 6─「悩む」の扉

らされると、ストレス反応として、発汗、心拍の増加、血管の収縮、血圧の上昇、筋緊張、喜怒哀楽の感情などのさまざまな変化が心身にあらわれるが、適度なストレス反応であればなんら異常ではない。むしろ、暑いときに汗が出ることは体温の上昇を防ぐために必要な反応で、身体を一定の状態に保とうとするしくみ（**ホメオスタシス［恒常性］**homeostasis）として大切なのだ。また、自分に危害が加えられるかもしれないと危険を察知したときに、恐怖や怒りの感情がおこることによって生じる身体の変化も、逃げるなり闘うなり、自分を守る行動を素早くおこすために必要な反応だ（**闘争・逃走反応** fight-or-flight response とよぶ）。

## 強力なストレッサーと些細なストレッサー

　失恋、結婚、妊娠、引っ越し、自然災害や事故、けがや病気、解雇、家族の死など、人生の中でおこりうる大きな出来事は、**ライフイベント** life events とよばれる。ライフイベントは日常生活に大きな変化をもたらすので、ストレッサーになることが多い。一方、めんどうな宿題、試験勉強、パソコンの不具合、他人の不愉快な言動、人間関係のちょっとしたトラブル、多忙など、日々の暮らしの中にある些細な苛立ち事を**デイリーハッスル** daily hassles というが、これらもストレッサーになることがある。

　ライフイベントが短期間のうちに集中しておこるなど、ストレッサーが強すぎたり、デイリーハッスルも含めてストレッサーが長く続いたりすると、通常のストレス反応だけでは処理しきれなくなってしまう。すると、心身に望ましくない症状——集中力の低下、意欲の減退、不眠、不安、イライラ、落ち込み、無気力、食欲不振または暴飲暴食、喫煙量の増加、引きこもりなどが出てくる。さらにひどくなると、心筋梗塞や不整脈、潰瘍や過敏性腸症候群、過呼吸や気管支喘息の悪化、アルコール依存、さまざまな心の病気へとつながることもある。

　最近の研究では、ライフイベントのような強いストレッサーよりも、デイリーハッスルが積み重なってしまうことの方が心身に大きな影響を与えると考えられている。ひとつひとつの出来事は些細であったとしても、積み重なった

場合の悪影響が大きいので、デイリーハッスルを軽く見ないようにしよう。デイリーハッスルとは文字通り日常的に生じるものだから、ふだんから上手につきあっていくことが大切だ。そのためには、自分の状態を冷静に把握しておくことが必要になる。些細なことだけに気づきにくいが、あなたもデイリーハッスルを溜め込んでしまうことがあるかもしれないの

で、定期的に自分自身のデイリーハッスルを具体的に書き出し、振り返ってみるといい。また、デイリーハッスルを溜め込んでいると、体の健康状態も悪くなりがちだ。心の問題が体の不調としてあらわれたり、逆に、体の不調が心の問題としてあらわれたりする。これは体と心がお互いに影響を与え合う密接な関係にあるからだ。だから、体の健康状態はデイリーハッスルが溜め込まれていないかということのバロメーターにもなるだろう。

 ## 5　悩みが生まれるかどうかは、受けとめかたや対処のしかた次第

　ストレッサーがストレス反応を引きおこすまで、つまり、悩みが生まれるまでにはいくつかの段階があって、とくに当事者がストレッサーをどう受けとめて、どう対処しようとしたかが重要であることを、ストレス研究の第一人者であるラザルスとフォルクマン（R. S. Lazarus & S. Folkman）は強調している。彼らの**心理学的ストレスモデル** psychological stress model（ラザルス・フォルクマン、1991）の概要を説明しよう。

　たとえば、あなたがバイト先で上司に叱られた、友達とケンカをしたなどの人間関係のトラブルがあったとしよう。はじめが**認知的評価** cognitive appraisal という段階だ。この段階では、まずこの出来事があなたを悩ます可能性があるものなのか、つまり、不快で脅威となるようなものかそうでないのか

が評価される（**一次的評価** primary appraisal）。「叱られたけれどつぎから気をつければ大丈夫だろう」とか、「友達どうしでもときにはケンカをするものだ。あまり気にしないでおこう」などと、この出来事が脅威にならないと受けとめれば、ストレス反応は発生しない。つまり悩みも生まれない。一方、上司に叱られたことで仕事への自信を失いそうだとか、ケンカをした友達とは簡単には仲直りできそうもない、というようにこの出来事が重大事であると受けとめたのなら、これは脅威として評価されたことになる。すると、この脅威にどのように対処したらよいのか、どのような方法が適切なのか、たとえば、上司に謝って自分の悪かったところを教えてもらおう、友達ともう一度じっくり話し合ってみよう、などが検討される（**二次的評価** secondary appraisal）。ここまでが認知的評価という段階だ。

つぎに、**コーピング** coping という段階へ移る。コーピングとは対処とか克服という意味だ。コーピング段階では、二次的評価で思いついた方法を実際に行って、脅威の克服を試みることになる。

最後が**再評価** reappraisal という段階だ。ここではあなたが行ったコーピングが成功したか失敗したかが評価される。コーピングが成功して脅威を消すことに成功したと評価すれば、悩まないですむ。ところが、そもそもうまいコーピングの方法を思いつかないとか、思いついた方法を試してみても状況がよくなったと評価できない場合には、ついに悩むという状態が生まれる。上の例で、上司に謝ったら、これからのことを厳しく指導されたとしよう。これを「厳しかったとはいえ、指導してくれたということは自分に期待しているんだな。許してくれたんだ」と受けとめれば悩まないですむし、「指導してはくれたけど、とても厳しかった。ああ、まだ怒っているんだ。どうしたらいいんだろう……」と受けとめれば、悩むことになる。

このように、悩みは出来事によって直接もたらされるものではないのだ。出来事を当事者がどう受けとめたか、どんな対処の方法を選んだか、対処の結果をどう受けとめたかなどによって、悩みが生まれるかどうかが決まる。だから同じ出来事に出会ったとしても、大いに悩む人もいれば、まったく気にしないという人もいることになるわけだ。

psychology

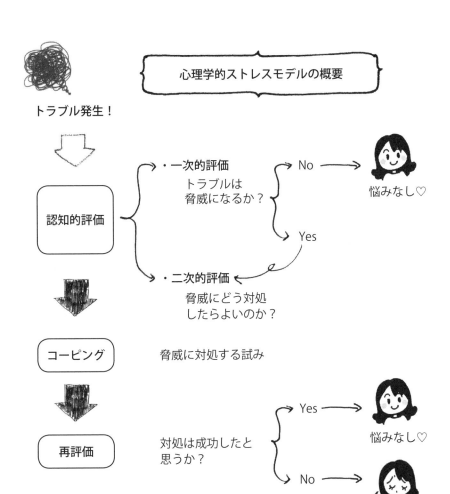

## 6 その悩みは、敵？ 鬼コーチ？ ライバル？

　さて、身のまわりでおこった出来事が自分にとって脅威となり、悩んでいる状態にまでなってしまったとしよう。悩んでいるときは、心身ともにいい気分であるはずがない。しかし、悩みやストレスがすべて悪いものかというと、そうとはかぎらない。悩みにも善玉と悪玉といえるものがあり、まさに、それぞ

chapter 6 ―「悩む」の扉

れが**良いストレス** eustress、**悪いストレス** distress とよばれている。病気などの深刻な症状が出てくるような悩みであれば、もちろん悪玉。なんとかしてこの敵から逃れなければならない。

では、学校の勉強やテストに悩まされる場合というのはどうだろう。勉強なんて楽しいものではないし、テストはいつも悩みのタネだという人が多いだろう。だからといって勉強することをずっと避けていたらどうなるだろうか。学校の勉強は実生活の中で直接役に立つことばかりではないかもしれないが、勉強して頭を使うということは知的能力を鍛えてくれる。疲れるからイヤだといって、まったく体を鍛えなければ体力はつかない。これと同じで、勉強しなければ知的能力は鍛えられない。

ストレッサーに悩まされることは不愉快なことではあるけれど、勉強みたいに自身の成長に役立ってくれるような悩みは良いストレスというべきものだ。良いストレスの元になっているストレッサーは一見イヤなヤツかもしれないけれど、自分のためを思って厳しく指導してくれる鬼コーチのようなものだ。鬼コーチの顔なんか見たくないと思って逃げ続けていたのでは成長できない。だから、その悩みが自分に害をもたらす敵なのか、それとも自分を鍛えてくれる鬼コーチなのか、これを見極めておくことが大切なのだ。

ちょっとややこしいのは、敵としかいえないような悪玉の悩みだ。創造の病のところで述べたように、心身に深刻な悪影響をもたらすような悩みですら、長い目で見たら私たちを成長させてくれることがある。恐れていた強大な敵が、じつはいい意味でのライバルだったなんてこともある。ライバルは自分を負かそうとしているけれど、ライバルとの闘いが自分を成長させてくれるのだ。

手ひどい失恋のショック、受験の失敗、どうしようもなくもつれてしまった人間関係、いくらがんばってもかなわない希望……。これらは私たちの心身を痛めつけ、激しい苦悩や悲しみをもたらす。そして、苦悩や悲しみがひどい場合には心のバランスを崩し、ほんとうに病気になってしまう。しかし、その苦悩との闘いを経て立ち直ったとき、大きな成長や進歩が見られることも事実だ。失恋の痛手は、恋愛への幻想を打ち砕いたり、自分の足りなかった部分を気づかせてくれたりして、つぎの恋愛の成功を導いてくれるかもしれない。人間関係のもつれは、他者への配慮の大切さや他者と自分の感じかたや考えかたの違

　いなどを学ばせてくれる。どうしても希望がかなわない場合には、今までの自分に見切りをつけて新しい自分を見い出さねばならないことを思い知らせてくれるだろう。

　7本の指で弾くピアニストとして知られている西川悟平氏は、ピアニストを目指すには遅い15歳という年齢からレッスンを本格的にはじめ、努力の末、プロのピアニストになった。しかしその矢先、ジストニアという筋肉をコントロールできなくなる難治性の病を患い、なんとすべての指を動かすことができなくなってしまった。ピアニストにとっては致命的だ。しかし、彼は悩み抜いた末、最大のピンチは最大のチャンスととらえ、すべての指を動かせていた過去の自分の演奏にとらわれないで、猛特訓に励んだ。その結果、常識では考えられない回復を遂げ、7本の指が動くようになった。7本の指だけでピアノを奏で、人々に感動を届けられるようにまでなったのだ。まさに、心身へ深刻な悪影響をもたらした悩みと向き合い、強大な敵をライバルと考えて、自身の成長につなげた好例といえるだろう。

chapter 6 ―「悩む」の扉

## 悩みに向き合う——さまざまなコーピング

　まったくなんの悩みもなく生きていくことはできない。抱え込んだ悩みが簡単になくなることもない。ではどうしたらいいのだろうか？　大事なポイントは、どのように悩みと向き合っていくのか、どのように悩みとつきあっていくのかということだ。

　前にも出てきたように、ストレスに対処することをコーピングとよんでいる。その1つに**防衛機制** defense mechanism がある。簡単には解決できそうにない欲求不満や不安などがあるとき、私たちは心理的な安定を保とうとしてこれらの不快な感情を無意識のうちに弱めようとしてちょっとしたトリックのようなものを使う。フロイトは、この無意識のはたらきを、少々いかめしい言葉で防衛機制とよんだ。

　防衛機制には、**抑圧** repression、**置き換え** displacement、**合理化** rationalization、**反動形成** reaction-formation、**投影（投射）** projection など、たくさんの種類がある。この中で、抑圧は最も基本になる防衛機制で、あまりにも恐ろしいことや、自分のものと認めたくない欲望や衝動を無意識の中に抑えつけて、意識の上にのぼってこないようにしておくことをいう。誰でも他人には知られたくない欲望や反社会的な衝動をある程度もっているものだけど、それをはっきりと自覚して認めてしまうのは恐ろしい。そんなときには、とりあえず抑えつけて意識にのぼってこないようにするわけだ。抑えつけることが簡単に成功して、他に悪い影響が出なければいいが、強力な欲望や衝動や過去の恐ろしい記憶などにたいしては、単純な抑えつけがうまくいかないことがある。そこで、抑圧以外にもさまざまな防衛機制が使われる。

　置き換えは、本来の対象とは別のものに自分の関心を向けることで、無意識から、都合の悪い自分の欲望や衝動をごまかそうとするものだ。ほんとうはすごくお父さんのことが嫌いな子どもがいたとして、その子が父親を嫌っているということを認めたくない場合に、お父さんから連想されるもの（たとえば黒いカバン）が嫌いになったりすることをいう。

　合理化というのは、どうしても実現しそうにない希望をあきらめるために一

見筋の通った言い訳をすることなど、自分の行動や感情にたいして、真実とは違うもっともらしい理由をつけることだ。自分がどうしても入学したかった大学の入学試験に落ちてしまったとき、「大学だけが人生ではない」と思ったり、「あんなところでは自分のやりたい勉強ができないに決まっている」などと考えたりするのはこの例だ。

反動形成とは、ほんとうの気持ちを隠そうとして、まったく逆の気持ちがあらわれるもの。ひどく憎んでいる相手にたいして、極端に親切にふるまう、というような状態だ。子どもの頃、好きな子にたいして逆に意地悪なことをいったり、いじめてしまったりなんてことはよくある話だけど、これも反動形成の例といえる。

投影（投射）は、自分がもっている感情や欲望を、他人がもっているかのように感じることだ。たとえば、ほんとうは自分がまわりの人たちを憎んでいるのに、自分は人を憎むような悪い人ではないと信じていた場合、その感情を認めることができなくなる。そんなときに、自分の感情をまわりの人たちに投げつけて、まわりの人たちこそが自分を憎んでいる、自分がいつも攻撃されそうだと考える。これが投影（投射）だ。

自分自身があさましい欲望や醜い心をもっていることを認めるのは誰でもイヤなものだ。だから、防衛機制は心のバランスをとるため、無意識のうちに作動する安全装置みたいなもので、多少なりとも誰もがやっている。ただし、あまり長い間強力な防衛機制を使っていたり、極端な使いかたをしていたりすると、防衛機制にとらわれてしまって心のはたらきに柔軟性がなくなってしまう。すると、病的な症状や歪んだ性格特性が作られてしまうことがある。

本人が無意識のうちにやっている防衛機制と異なり、意図的に行われるコーピングもある。ラザルスとフォルクマンは、コーピングを**問題焦点型のコーピング** problem-focused coping と**情動焦点型のコーピング** emotion-focused coping の２つに大別した。問題焦点型のコーピングとは、悩みの原因にかんする情報の収集や、悩みを解決するための具体的な方法を考え、克服する対処法だ。悩みと正面から向き合い、闘うことといっていい。一方、情動焦点型のコーピングとは、気分転換によって不快な心身の状態をリラックスさせたり、悩みの中から良い面を見つけ出し、この悩みは悪い敵というよりはライバルなのだと肯定的に考えることで問題の意味を考え直すなど、心理的な

chapter 6―「悩む」の扉 161

ストレス反応を和らげることに重点を置く対処法だ。つまり、悩みそのものと闘うのではなく、悩むことに伴うつらい気分を和らげることを目的にしている。そのため、どちらのコーピングの方がいいとか悪いというのではなく、がんばって闘うことによって問題の解決が可能な悩みにたいしては問題焦点型のコーピングをするのがいいし、簡単には解決できず、不快な気分に苦しむようなときには情動焦点型のコーピングが有効だといえる。

さらに、これらのコーピングの他に、**回避・逃避型のコーピング** escape-avoidance coping もある。回避・逃避というと後ろ向きのイメージをもたれそうだけれど、大切な人の死、難病の発見など、自分では状況をどうしても変えられないような激しい悩みや苦しみ、どうやっても肯定的にとらえることが困難な受け入れがたい悲しみにたいしては、じっとしている以外にどうしようもない。そんなときには、嵐が過ぎ去るのを待つかのように、回避・逃避型のコーピングが有効になる。

## 8 悩みを管理する

バランスのとれた食事、体を鍛えること、規則正しい生活。これらは病気を予防し、病気になったときでも回復を早める効果をもっている。悩みも、病気みたいに予防することはできるのだろうか。あるいは悩みに突入してしまった場合でも、できるだけ早く立ち直れるように準備しておくことはできないものだろうか。ここでは、悩みとのつきあいかたについてもう少し視点を広げて考えてみよう。

ストレス研究では、**ストレス・マネジメント** stress management という言葉がよく使われている。ストレス・マネジメントとは、ストレスを管理・コ

ントロールすることだ。ここにはストレスの予防、つまり、ストレスが生じる
ことをあらかじめ想定した上で、それに備えておこうという意味も含まれる。
病気の予防に、日頃から体を鍛えたり、食べ物に気をつけたりすることと同じ
ようなものだ。ストレス・マネジメントには、①環境への介入、②考えかたや
とらえかたへの介入、③コーピングへの介入、④ストレス反応への介入などが
ある。

　環境への介入とは、ストレスや悩みの原因になっているもの、あるいは原因
になりそうなものを取り除くことだ。病気の予防にたとえれば、風邪のウイル
スが体に入らないように人混みを避けたり手洗いやうがいをしたりするような
もの。ただし、現実には、人間関係上のややこしいトラブル、たとえば、どう
しても仲よくなれない人がバイト先やクラスにいるというのは、悩みの原因を
直接取り除くことは困難だ。こういう場合には、バイトを変える、悩みの原因
となる人にはできるだけ近づかないという工夫を試みることになる。

　考えかたやとらえかたへの介入とは、認知的評価を変えることだ。前に出来
事が悩みになるのは認知的評価によるところが大きいことを強調したね。とい
うことは、認知的評価のスタイルを見直せば、悩みを軽くすることができるこ
とになる。たとえばなにか失敗したことで悩んでいるとき、「今回失敗したか
らといって次回もまた同じように失敗するとはかぎらない」とか、「失敗した
原因が自分だけにあるわけではない」などのように考えるようにしてみる。な
んでも悲観的に受けとめるという考えかたの癖があるのなら、それを把握して
その癖を直すようにすることだ。

　コーピングへの介入は、前に説明したコーピングのレベルアップを目指す。
たとえば、人間関係上のトラブルでは問題焦点型のコーピングをとらねばなら
ないことがしばしばあるけれど、そのときのためにソーシャルスキル（Chap-
ter 4［学ぶ］参照）を磨いて、コーピングの引き出しを広げておく。情動焦
点型のコーピングでは、自分にあった気分転換の方法をあらかじめ準備してお
くことだ。また、どちらのコーピングにも関係するが、困ったときに自分を助
けてくれそうな他者を見つけておくというのも、コーピングへの介入の1つ
だ（後述するように、自分の周囲にいる重要な他者からの支援を**ソーシャルサ
ポート** social support という）。

chapter 6—「悩む」の扉

ストレス反応への介入は、心身のストレス反応を自分で緩和するための方法を身につけることを目指す。ある程度のトレーニングが必要だけど、筋肉の緊張状態などを測定しながら自身で緊張を緩められるようにするバイオフィードバック訓練や、いろいろなリラクゼーション法がある。これらを習得すれば、悩むことへの耐久力を強め、ストレス反応を生じにくくできる。手軽なものには、運動をしたり、好きな香りを嗅いだり、動物と触れあったり、音楽を聴いたりといったさまざまな方法があるので、自分にあったものを見つけておくといいだろう。それから日記やブログを書くことで、じっくりと自分の状態を振り返って、どうしたらよいのかを考えてみるというのも1つの方法だ。心に傷が残るようなつらい体験を徹底的に深く書き綴ることが健康度を向上させるという研究がある。これは**筆記療法** writing cure として知られている方法だが、日常的な悩みを書き出してみることにも類似した効果があるかもしれない。

　さて、ストレス・マネジメントのどの側面にも当てはまるのだが、ソーシャルサポートを得ることも大切だ。多くの人は、自分が困っているときに、家族、友人、ご近所さん、先生など、自分が知っている人の中から信頼できそうな人に相談することがあるだろう。苦しいときに誰かに相談し助けを求めることは決して恥ずかしいことではない。ひとりで抱えることが困難な悩みでも、誰かに相談すればなんとかなることもある。ソーシャルサポートを多く得ている人ほど、寿命が長く、健康であるという研究結果も報告されている。

　ソーシャルサポートは、励ましやなぐさめなどの情緒的サポート、実際的な手助けや金銭的支援などの道具的サポート、フィードバックをしたりほめたりする評価的サポート、情報提供やアドバイスをする情報的サポートなどに整理できる。できれば、これらそれぞれについて、自分を助けてくれそうな人をたくさん確保しておきたい。そのためには、もちろん自分も人のサポート役を果たさなければならない。"お互いがソーシャルサポーター"になれるよう、できるだけ人間関係の幅を広げておいた方がよいということだ。現在のわが国は、少子高齢化、核家族化、非婚化、地域コミュニティの衰退などの社会的要因によって、助け合いというものがしにくくなっている状況もある。でも、私たちはひとりでは生きていけない。私たちヒトという生き物は他者とのコミュニケーションを必要とする社会的な動物であり、誰かに相談したり、誰かの相

談にのったりすることが自然な姿なのだ。繰り返すけれど、私たちはお互いがソーシャルサポーターであることを忘れないようにしよう。

## それでも乗りきれないときには
### ——専門家による心理的援助

　悩みが深すぎたり、いつまでたっても悩みが解決できない状態が続いたりすると、深刻な不調に陥ってしまうこともある。感情がコントロールできない、物事を冷静に考えられなくなる、といったような精神的な不調だけでなく、さまざまな身体的な症状が伴う場合も多い。こういう状態に陥ってしまったとき、専門的な援助をしてくれるのが、セラピストやカウンセラーといった精神医学や臨床心理学の専門家だ。

　精神医学は、病気の原因を特定し、どんな病気であるかを診断して、投薬など医学的な処置をする。心の問題に薬で対処することについて偏見をもっている人は少なくないし、病気であることを認めなかったり、薬に頼るなんて心が弱いからだとか、後ろめたいものとさえ感じたりする人もいる。でも、悩みの状況によっては、

投薬などの医学的な処置も含めた専門的な援助を受けることも必要だということを覚えておいてほしい。一方、臨床心理学は病気そのものの治療を目的とするというよりは、心理的問題の解決や改善の援助を行うものととらえておくとよい。ただし、症状がある程度重い状態ならば、心理的な援助だけでなく薬物療法が併用されるのが現代の標準的な方法だ。たとえば重度のうつにたいしては、抗うつ剤を使って落ち込んだ気分を引き上げながら心理的な援助を行うことも多い。このように、臨床心理学と精神医学は手を組んで心の問題に対処している。

　ここでは代表的な心理的援助の方法である**来談者中心療法** client-centered therapy、**行動療法** behavior therapy、**認知行動療法** cognitive-behavioral therapy について紹介しよう。なお、心になんらかの問題を抱えて相談に来る人と、相談を受ける人（ふつうは臨床心理学の専門家）との間で行われる相談面接のことをカウンセリングという。また、相談に来る人のことは、依頼人やお客さんという意味で使われる"クライエント"とか"来談者"とよび、病院のように"患者さん"というよびかたはしない。一方、相談を受ける人のことをカウンセラーとかセラピストとよぶ。

## ● 来談者中心療法

　一口にカウンセリングといっても、その元になっている理論と実際の技法の種類にはいろいろあるのだが、最もよく知られているのがロジャーズ（C. Rogers）によって体系化された来談者中心療法だ。

　クライエント（来談者）は、面接がはじまったばかりの段階では、自分がカウンセラーにほんとうに受け入れられるのか、自分の悩みを親身になって聴いてくれるのか、カウンセラーは信頼のおける人なのか、といったことにも不安になっていて、カウンセラーとの関係についてひどく敏感になっている。だから、まずカウンセリングではなんでも打ち明けられるという安心感をクライエントにもってもらうことが必要だ。そのためにカウンセラーとクライエントは、お互いに人間的な信頼関係を結ばねばならない。このカウンセリングで結ばれる信頼関係のことを**ラポール** rapport という。

　ラポールを築くために、カウンセラーに求められる面接の心得が3つある。

　1つ目はカウンセラーが純粋であることだ。つまり、自分を飾ってみたり、変に

psychology

下手に出たりせず、「こうやれば自分の利益になって得かな」なんてことも考えずに、カウンセラー自身がクライエントにたいしてありのままの自分でいるということが大切だ。なにかを適当にごまかしている態度はいつかクライエントに見抜かれて信頼を失ってしまうものだ。そうなれば、カウンセリングなんて成り立たなくなる。

　2つ目に求められるのは、クライエントを無条件に受け入れることだ。私たちは他人について、「容姿が生理的にキライ」とか、「なんてひどいことをする人なのだろう」とか、「ずる賢いやつだ」とか、無意識のうちに批判したり評価したりしていることが多い。実際、クライエントの中には、社会的な常識からすると、ひどいことをやってしまった人もいるし、クライエントのたんなるわがままが問題ではないのかと思えることもあるし、「なんでこんなどうでもいいことで悩んでいるんだ」と思えることもある。ところが、こんな気持ちもクライエントは敏感に察知して、「自分は、悪いヤツ、劣った人と思われている」と感じ、いっそう心を閉ざしてしまう。また、世間的な常識に基づいた評価や価値観には、時代や生活環境などから来る歪みが含まれているかもしれないし、特定の価値観に基づいた偏った見かたをしてしまうことがあるかもしれない。だから、カウンセラーは社会的な評価や価値観、好き嫌いなどの感情をいったん脇に置いておいて、クライエントのことをすべて受け入れることが必要なんだ。もちろん、そのあとでクライエントの問題をいろいろと分析したり解釈したりするのだけれど、まずはあたたかくすべてを受けとめることが、カウンセラーには求められる。

　3つ目のポイントは、カウンセラーはクライエントへの共感によってクライエントを理解することだ。共感といっても、「ふんふん」とただうなずいてクライエントの話を聴いていればいいわけではない。クライエントの気持ちを“自分が感じている”ように、感じ取ることが求められる。たとえば、クライエントの悲しい気持ちを自分が実際に悲しみを味わっているように感じ取り、自分の中で再現してみる。こうして、カウンセラーはクライエントが抱えている苦しみの核心を理解する。また、このように共感しながら話を聴くことによってカウンセラーがほんとうに親身になって話を聴いていることがクライエントに伝わり、クライエントは自分のことをわかってもらえているという安心感をもって相談ができるのだ。

　以上のような心得はそれぞれ、**純粋性** genuineness、**受容** acceptance、**共感的理解** empathic understanding などとよばれ、来談者中心療法の基本中の基本

chapter 6―「悩む」の扉

167

となっている。ただし、これらを実際にやり遂げるのはとても難しい。なんだか、学問的な知識の問題ではなくて、カウンセラー自身の精神的な修行のようなものでさえあるからね。そう、カウンセラーは最新の学問的な成果を勉強することも大事だけれど、実際にクライエントに接する場面ではそれと同じくらいに、場合によってはそれよりはるかに、自分の心や人間性を磨くことが必要になるのだ。

　このようにクライエントを尊重する態度（受容・共感的な態度）でカウンセラーが接することによって、悩んでいるクライエントを援助していくのが来談者中心療法の基本的な考えかたといえる。植物は種が育つのに必要な土壌があれば、芽が自然に伸びて成長するよね。人間の心も、成長を邪魔するような条件がなければ、本来もっている力によって成長していけると考えられる。カウンセラーの第一の役目は、植物の土壌に当たるもの、つまり安心して話ができる場所や心理的な雰囲気などを作ることだ。だから、来談者中心療法では、悩んでガックリしているクライエントに、心理学をたくさん勉強したカウンセラーが偉そうになにかを教えてやったり、カウンセラーの考えかたを一方的に押しつけたりするようなことはしない。これとはまったく正反対で、実際のカウンセリング場面では、カウンセラーはクライエントの話にひたすら耳を傾ける（これを"傾聴"という）ことを行う。

### ● 行動療法

　行動療法は、問題となっている行動を学習によって変化させていくという治療法だ。この治療法の元になっている学習理論では、好ましくない行動や感情がおこるのは、過去の経験に原因があると考える。たとえば、雷がひどいとき、ピカッと空が光ってしばらくして恐ろしい音の雷鳴がとどろくということが繰

り返されたとする。すると、はじめは怖いと思っていなかった雷の光が、恐ろしい音と一緒に繰り返されたために怖くなり、空が光ったと同時に耳をふさいでしゃがみ込んでしまうようになる。つまり、何度も光と音が同時に繰り返されたことで、音にたいする恐怖が光に乗り移ってしまうというわけだ。

　これと同じ原理はさまざまなところで作用している。たとえば、学校でまわりからからかわれるといったイヤな経験が繰り返されると、学校そのものが嫌いになったりする。嫌いになれば、つい学校を休みがちになって、ますますからかわれる。そしてついに、学校に行こうとするとお腹が痛くなる、なんて不調が生じる。からかわれるのは誰でもイヤだけど、一見不合理な「学校がイヤだ」という感情も、じつは過去の経験によって、ほんとうは嫌いでなかったものに嫌いな気持ちが乗り移ってしまった結果と考えられる。

　一方、先生や友達からほめられたのがきっかけで、あることがどんどんうまくなっていったという経験はないだろうか？　国語の書き取りでも体育の鉄棒でも、なんでもいい。一度やってすごくうまくいったから、先生やみんなからほめてもらえた。ほめられるとうれしくなって、ますます練習するようになった。そうするとどんどんうまくなってますますほめられる。さらに練習に磨きがかかる。あなたに、「これならたいていの人には負けないぞ！」という得意分野があるなら、上手になったきっかけはこんなことだったのかもしれない。

　この場合は、なにかを自分でやってみたらほめられたとかごほうびがもらえたとか、“いいこと”があった結果、それをもっとやるようになるというところがポイントだ。ごほうびがもらえるからさらにやってみる。これも、問題行動が身についてしまうプロセスを分析するのに応用されている考えかただ。たとえば、やたらに暴れたり他の子どもをいじめたりする乱暴な子どもがいるとしよう。どうしてそうなってしまったのかを考える際に、乱暴することによって、その子がなにかいい思いをしている面がないかを考えてみる。よくあるケースとして、乱暴したあとに、先生やお母さんに怒られることが、大人に“かまってもらえる”機会になっていて、それがじつはその子にとってのごほうびになっているなんてことがあるのだ。学習理論では、このごほうびのことを**強化子** reinforcer という。乱暴すればごほうびがもらえるのだから、そのごほうびを求めて暴れるという行動が身についてしまうのだ。

chapter 6 ―「悩む」の扉

つまり、行動療法では、行動は過去の経験によってひとまず身についただけのものとみなす。だから逆に、別の経験をさせることができれば、行動はいくらでも変化させられると考える。学校がイヤになって、学校に行けなくなってしまった子には、少しずつ学校に近づくところから練習して、学校に近づいてもイヤなことはおこらないことをもう一度経験し直していく。そして、教室に入ってそこでリラックスする練習をするというような方法で、学校にたいする極度の緊張を解いていく。学校はイヤで怖いところだと心身が覚え込んでしまったものを、学校に行っても大丈夫だ、楽しいところだという経験で打ち消していくというわけなんだ。

　乱暴な子どもの例でいえば、暴れたあとでお母さんがいつもやっていた怒りかたを変えていくことになる。もし、子どもにクドクド言ったり、なだめすかしたりしていたことが、その子にとってじつはごほうびになっていたという場合、乱暴したらなにも言わずに狭い部屋に少しの間置いておくといった叱りかたに変更してみる。そして、乱暴しないでいられたら、そのごほうびとしてよくほめてあげる。もちろん、この方法がすべての問題行動に効果があるとは保証できないけれど、こういったやりかたを注意深く計画的に実行することによって、問題行動を短期間でなくせることがわかっている。

　このように行動療法では、問題となる行動がどのようにして身についたのかを考え、その原因を取り除いた上で、問題行動を打ち消したり代わりになる行動を身につけさせたりするように訓練していくことが基本になっている。

### 🌑 認知行動療法

　行動療法の方法を用いながら、あとで説明する**認知療法** cognitive therapy の考えかたを組み合わせたものが、認知行動療法だ。行動療法では、その問題行動を身につけてきたこれまでの状況や環境について考え、その行動を変える訓練をすることで問題行動をなくそうとする。前に説明した訓練も一種の状況設定を作ることなのだから、結局、状況や環境を中心にクライエントの問題をとらえていることになる。

　ところが、問題行動の原因はいつも環境だけにあるとはかぎらない。自分自身やまわりの状況にたいするその人の見かたや考えかた、ストレッサーが与え

psychology

られたとき、つい頭の中で思いめぐらせてしまうクセなどが、クライエントの問題行動と密接に関わっている場合もある。たとえばうつ状態のときは、気分がどーんと落ち込んでしまうという感情面の変化のほか、物事のとらえかたがとてもネガティブになって「自分はなにをやってもだめなんだ……」とか、「この先、いいことなんて1つもないに違いない」とか、考えることが非常に後ろ向きになる場合が多い。しかも、そういう考えを何度も頭の中で繰り返してしまいがちにもなる。

　上の例のようにネガティブなことを考えれば当然気分は暗くなり、これがさらにうつの症状をひどくしてしまう。そこで、認知療法では、悪い気分がネガティブな考えによって作られるなら、ものごとをいつも後ろ向きにとらえてしまったり、これを何度も頭の中で繰り返してしまうというような悪い習慣をなくすことで、うつの症状が改善されるはずだ、と考える。このように認知療法というのは、外からはっきりわかる行動や環境の問題点よりも、クライエントが頭の中でなにをやっているかを重視する。そして、ものごとをいつも悪く受けとめてしまうような考え方のクセ（"認知の歪み"という）や、これを何度も繰り返してしまう悪い習慣の修正を目指す。修正には訓練を繰り返さなければならないので、継続的な練習が必要になる。そのため、面談だけでなく、日常生活も治療の場になる。だから、この療法では"ホームワーク"という

文字通り宿題が出されることが多い。認知療法の宿題は、面談のときに学習したことを日常生活で実践したり、復習したりすることだ。だから、症状を改善するためには、クライエントが積極的に治療へ参加することが重要になる。

現在では、行動療法と認知療法の両方の特徴をもつ認知行動療法が、専門的な心理的援助の有力なテクニックになっている。元々認知行動療法はうつ病の治療からはじまったけれど、今は不安障害や人格障害などの治療法として使われたり、夫婦間の心理的問題の解決や職場のメンタルヘルスの向上に適用されたりと、かなりの広がりをみせている。


## おわりに──悩みとつきあいながら生きていく

心理学とは違う角度からなのだが、悩みとつきあうことについて参考になるメッセージを2つ紹介しよう。

哲学者の中島義道は、『大人になる君へ 他人のせいにしない姿勢を』（朝日新聞、2009年4月16日）の中で、「……きみがどう生きていくかはすべてきみの手中にあるということだ。きみが自分を『才能のない人間』と決めることはそういう自分を選ぶことであり、自分を『もてない男（女）』と決めることはそういう自分を選ぶことである。（中略）だが、そういう選択の積み重ねはきみから生きる力をそぎ、きみをますますやせ細らせるであろう。（中略）どんな人でもどんな瞬間でも、『いままで』を完全に断ち切って新しいことを選べるのだ」と述べている。

自分自身をどんな人間と考えるかは自分次第、自分をネガティブにとらえ続けていれば、ますます自分はだめになっていく。だが、過去に縛られずいつでも新しい自分に変わることができる。未来をどう生きるかは自分次第なのだ……。この章の最後で説明した認知行動療法に通じるメッセージではないだろうか。

もう1つは、73歳で亡くなられた私の恩師が遺された言葉だ。

「生命の豊かさとは、単にどれだけ長く生きるかという量の問題ではなく、むしろいかに深い充実のうちに生きるかという質の問題である。特に、老年期にあっては、物を所有するということの代わりに、存在というカテゴリーに注

目しなければならない。なにをもっているかではなく、何者であるかということが重要である」「人は自発行動を失うとき、生きがい感、つまりは、心の命を失う。また、未来への期待や計画に動機づけられた行動が生きがい感をもたらすものであり、死はその途上でおこり、それが人生である。目標を成し遂げて終わるのが人生ではなく、いつまでも目標を追い続けるのが人生である」

　生命の豊かさは、いかに充実した人生を送っているかで決まる。そして、目標を追い続けるのが人生であり、死ぬときまで目標の追求に終わりはない。先生のように考えてみることで、私は少し気が楽になった。なぜなら、深い充実のうちに生きる、目標を追い続けるのが人生なら、生きているかぎり悩みから完全に解放されることなどあり得ず、ずっと悩みとつきあうことこそ生きることなのだと、かえって開き直れたからだ。

　どんな天才や偉人も、美人も美人でない人も、お父さんもお母さんも、おじいちゃんもおばあちゃんも、みんなが悩みもがき苦しんでいる。自分ひとりだけが悩みと闘っていると思わずに、じっくり悩みと向き合い、時には誰かに相談しながら、自分なりに悩みと上手につきあう方法を粘り強く身につけていってほしい。


## お薦めの本 ≫≫≫——————→

● K・マクゴニカル／神崎朗子訳『スタンフォードのストレスを力に変える
　　教科書』大和書房（2015）

　まさにタイトルにある通り、ストレスを力に変えるためのヒントが豊富に紹介され、簡単な研究紹介もあります。多様なストレスにたいして実際にどうしたらいいのかがわかりやすくまとめられていて、専門的な知識がなくても読みすすめられます。


● 諸富祥彦『悩みぬく意味』幻冬舎新書（2014）

　心理カウンセラーとしても活躍している著者によって、深く悩みぬくことの意味や、カウンセラーや心理療法家の役割、悩みかたなどがまとめられており、臨床心理学や哲学的な観点から悩むということを考えさせられる1冊です。


chapter 6—「悩む」の扉

## さまざまな心の病気

　心の健康が大きく崩れてしまった状態、つまり心の病気のことを専門用語では**精神障害** mental disorders という。精神障害には多くの種類があり、専門的には細かい分類があるのだが、ここでは代表的なものをいくつか紹介しよう。

　【統合失調症とうつ病】
　**統合失調症** schizophrenia は 10 代〜 30 代くらいの年齢で発症し、人口の 0.7 〜 0.9％に出現するといわれている。根拠のないことを信じ込んで現実に合わせられない状態（妄想）と、現実にはないものが見えたり聞こえたりする状態（幻覚）が典型的な症状だ。他に、激しい興奮状態や、自分と他人の区別が曖昧になってしまう自我障害といわれるものもある。心のはたらきが通常から逸脱した、こういった特徴は陽性症状という。逆に、通常のはたらきが失われてしまう症状を陰性症状とよんでいる。これには、喜怒哀楽が乏しくなる（感情の平板化）、無気力・無関心になる、意欲がなくなる、思考力が低下する、などがある。

　気持ちが暗くなってどっぷりと落ち込んでしまっている状態を抑うつというが、抑うつの程度が激しく、長期的に続くのが**うつ病** depressive disorder だ。うつ病は、男性は 10％前後、女性は 20％前後の人が一生のどこかでかかるとされている。精神的な症状には、抑うつのほかに、無気力、不安、焦燥感（焦りやイライラ）、自責感（自分を責めること）、自殺念慮（ほんとうに自殺しようと考える）などがある。身体的な症状としては、不眠や食欲・性欲の減退などがよくあらわれる。また、うつ病と真逆で異常にハイテンションな状態を躁状態という。この場合には、すごくおしゃべりで活動的、眠らなくても疲れを感じない、食欲も性欲も活発になる。当事者は気分爽快で上機嫌なのだが、些細なことで怒ったり興奮したりすることもあり、トラブルもおこしやすい。病的な躁状態や、これとうつ病の症状が交互にあらわれる障害は双極性障害とよばれている。

　【不安障害】
　**不安障害** anxiety disorder は、不安症状と、不安を引きおこすものを回避しようとする行動が主な特徴で、さまざまな種類がある。その中から、**パニック障害** panic

disorder、**強迫性障害** obsessive-compulsive disorder: OCD、**心的外傷後ストレス障害** post traumatic stress disorder: PTSD）を取り上げよう。

パニック障害の患者は、パニック発作（動悸や過呼吸、発汗やめまいなどの症状が突発的におこる）を繰り返す。発作には激しい不安感が伴い、それによって「また発作がおこるかもしれない」という不安（予期不安）を感じるようになる。そうなると、電車に乗れない、外出ができないなどといった問題も生じる。

強迫性障害は、強迫症状に苛まれる障害だ。強迫症状は同じ考えや行動を何度も病的に繰り返してしまうことで、強迫観念と強迫行為がある。強迫観念におそわれると、ばかげたことだと思っていてもある思考やイメージを頭の中で繰り返してしまい、不安や苦痛をもたらす。「わかっていても、やめられない」のが特徴だ。一方、強迫行為は、強迫観念による不安や苦痛をなくすために繰り返される行為で、何度も何度も手を洗ってしまう、外出するとき鍵をかけたか気になって何度も引き返して確認してしまう、物が一定の順番で並んでいないと気がすまなくなって並べ変える、物事を決まった順序で行うことに強くこだわる、といった行動がよく見られる。これらの行為に長い時間をかけてしまい、日常生活や人間関係に支障が出てしまうことも多い。

戦争や暴力事件など、生命の危険を感じるほどのすさまじい体験をしてしまったり、身近に目撃したりすると、トラウマ（心的外傷）とよばれる深い傷が心にできる。トラウマの原因になる出来事を経験したあとでは、長く深刻な影響が残る場合がある。それが心的外傷後ストレス障害だ。戦争、レイプ、ドメスティック・バイオレンスなどの被害者に見られる障害として知られるようになった。主な症状は３つ。１つ目は、トラウマを受けた状況を、まざまざと思い出したり（フラッシュバック）、悪夢に見たりして、出来事を繰り返し再体験してしまうこと。２つ目は、トラウマに関連のある物事をいつも避けようとしたり、逆になにも感じなくなったり、そのうちに感情が鈍くなってうつ状態に陥るなど、回避や麻痺がおこること。３つ目は、眠れなくなったり、いつもびくびくしていたり、身体の興奮が鎮まらないなど、覚醒が過剰な状態になることだ。

**【人格障害】**

心理学では、その人の人柄、広い意味での性格のことを"人格"とよぶことがある。これは"personality"という言葉の翻訳として使われた用語で、「あの人は人格者だ」という場合のような、立派な人という意味や評価を含んだ言葉ではないので注意し

よう。そもそも人格にはある程度の偏りがあって当然で、それが個性になるのだが、あまりにも偏ってしまうと対人関係や社会生活に支障をきたしてしまう。これが人格障害とよばれる状態で、ものすごく偏ったものの見かたをする、対人関係が苦手、気分や感情のコントロールができない、などの特徴が見られる。多くの場合、思春期から成人早期あたりから特徴的な偏りが目立つようになり、それが慢性的になっていく。原因については、遺伝的な要因、生育歴や家庭環境の問題などいろいろな説があるが、はっきりわかっていない。

　人格障害は、統合失調症、うつ病、強迫性障害などと一部で重なる症状を示すが、基本的には正常範囲での物の見かたや行動は保てている。つまり、正常な状態と微妙な境界領域にある。人格障害にもいろいろな種類があるが、ここでは**境界性人格障害** borderline personality disorder を説明しよう。この障害には、対人関係や、自分がどんな人間であるかという自己イメージの問題や、感情が不安定という特徴がある。たとえば、誰かをすごく理想的な人だと思い過ぎたり、逆にその人からちょっと受け入れられなかったりすると「最低なヤツだ」とみなしたりする。浪費、性行為、薬物乱用、自傷行為などによって、自分を傷つけることもある。また、非常に愛情欲求が強く、孤独に弱い場合があり、他者から見捨てられることを極端に怖れ（見捨てられ不安という）、そのため、見捨てられないようになりふり構わない行動や努力をしてしまうこともある。いつもむなしいという気持ちがあり、抑うつ状態にも陥りやすいといわれる。

psychology

# Chapter 7
# 「見る」の扉

## 🔑 はじめに──生きるために"見る"

　この章のテーマは"見る"ことだ。「え、なんで!?」と思う人も多いだろう。これまでの"恋する"とか"悩む"というテーマとかはいかにも心理学っぽいけど、"見る"なんてぜんぜん心理学じゃないじゃん。そこにあるものを目で見ているんだから、こころ関係ないじゃん……そんなところかな。一般の人の率直な感想としては、ありだろうね。気持ちはわかる。でも事実は違うんだ。"見る"ことほど洗練された（よくできた）行動のしくみは、他にない。もう感動的といっていいくらいだ。Chapter 7を読み終わったら少しはわかってもらえると思う。

　ちょっとマジメな話、そもそもなぜ心理学で"見る"ことを扱うのだろうか。心理学の究極の問いは、"人はなぜそう行動するのか"を知ることだよね（もちろん、目に見える行動の背後にある、目に見えない心のしくみやはたらきを知ることも大事だよ）。行動って、ふつうは流れ……というか、文脈……というか、必然的な環境があってのことでしょ。たとえば、サッカー選手がダイビングヘッドを試みるのは、自分に向かってボールが飛んでくる流れの中で、だ（ボールも来ないのに突然ダイビングヘッドしたら、ただのコントだ！）。もっと細かくいえば、飛んでくるボールの動きを"見て"、自分の頭との接触地点を予測した上で、だよね。

　上の例をもう少し一般化して、かつ専門的な言いかたをすれば、適切な行動をするためには、自分のおかれた環境を知らねばならないということだ。環境

chapter 7─「見る」の扉　177

"見る"にはスゴイしくみがある

を知る⇒適切な行動を行う⇒行動によって環境が変わる⇒新たな環境を知る⇒また適切に行動する……この際限のない繰り返しの中で人は生きている。サッカーの試合だってそうだろう。いや人間だけじゃなく、あらゆる動物にとっての適応、すなわち、環境の中でうまく生きていくことを支えているのが、この繰り返しだ。つまり、環境を知らねば生きていけないということだ。

　環境を知るための心のはたらきを、心理学では、感覚、知覚、認知といった言葉であらわす。これらの細かい説明はあとでするけど、要は自分の身のまわりでなにがおこっているかを知ることだ。そのために、目、耳、鼻、舌、皮膚という、いわゆる五官を使うわけだけど、人間の場合、目、すなわち視覚に頼る割合が圧倒的に大きい。誰が言ったか、視覚情報は、人がふだん使っている感覚情報の7割にも達するそうだ。前に書いたことを言い換えれば、人間の適応の大部分は"見る"ことに支えられている。人は見なければ生きていけない（ただし、生まれつき目の見えない人は別。そういう人は、視覚以外の感覚、とくに触覚を一般の人より研ぎ澄ますことで適応しているんだ）。

　どうだい、心理学で"見る"ことを取り上げる意味がちょっとわかったかい？そうしたら、これから、"見る"ことの不思議ですばらしい世界に入っていこう。

 光：見ることの出発点

　見ることの出発点は、目に入ってくる光だ。光がなければなにも見えない。光というのは、じつは**電磁波** electromagnetic wave と総称されるエネルギーの一部で、レントゲン撮影のX線や、電子レンジで使うマイクロ波、携帯電話の電波などもその仲間だ。電磁波というくらいでこのエネルギーは波の性質をもち、波の長さ（**波長** wavelength）がこれらさまざまな電磁波を区別している。光、つまり人が見ることのできる電磁波（**可視スペクトル** visible spectrum）は、だいたい380〜780nmの波長範囲だ（nmは長さの単位。

ナノメートルと読む。ナノは 10 のマイナス 9 乗、つまり 10 億分の 1 だ)。この可視スペクトル中の波長の違いは多くの人に色の違いを感じさせ、短波長側から長波長側にかけて、菫、藍、青、緑、黄、橙、赤というように変化する（**図 1**）。虹の七色と同じだね。

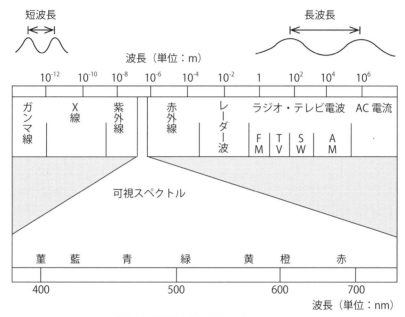

【図 1】電磁波と可視スペクトル

　余談だけど、赤に見える可視スペクトルよりさらに長波長の電磁波は、赤の外ということで**赤外** infrared（IR）線とよばれる。赤外線は熱に変わりやすいので暖房器具や調理器具でおなじみだ。一方、スミレよりさらに短波長の電磁波は**紫外** ultraviolet（UV）線とよばれる。UV カットとかいうように、紫外線は皮膚に悪影響を及ぼすので嫌われものだよね。ここで「おやっ」と思える人は鋭い！　そう、元の英語は violet（スミレ）で purple（紫）じゃないんだ。だから正しく訳せば"スミレ外線"のはずだ。これが言葉として言いづらかったからかどうかはわからないけど、日本語では紫外線として定着した。まぁ、どちらも見えかたとしては似ているからね。ちなみに、紫というのは特

別な色で、可視スペクトル中には存在しないんだ。紫は可視スペクトルの両端を混ぜるとできる色だ。つまり、スミレと赤の間を紫がつなぐことで可視スペクトルはぐるっと円環になる。これが、美術の教科書で見たことがある**色相環** hue circle というヤツだ。

 ## すばらしい目のつくり

　目に入った光は水晶体（レンズ）や硝子体(しょうしたい)（眼球内部のゲル状の媒質）を通過し、最終的に眼球の内側の**網膜**(もうまく) retina に達する。網膜の中には、**視細胞** visual cell という、光に反応する特殊な細胞がある。視細胞には、暗いところではたらく**桿体**(かんたい) rod と、ふつうに明るいところではたらく**錐体**(すいたい) cone の2種類がある。その数は、1つの目の網膜に、桿体1億2000万個、錐体600万個で、ざっと日本の人口くらいだ！　桿体は、光の粒子（**光量子** photon）1粒でも反応できるという超高感度の光センサーだ。ただし、色や形の細かい分析はできず、主に対象を検出する役目を担う。一方の錐体は、感度こそ桿体に引けを取るが、対象の色や形の分析の出発点となっている。いわば高精度センサーだ。

　**図2**は、眼球内での桿体と錐体の分布を簡略に示したものだ。ご覧の通り両者の分布はじつに対照的で、桿体は網膜全体に広く分布しているけれども、そのど真ん中（**中心窩**(ちゅうしんか) fovea）には存在しない。最も密にあるのは中心窩から20°くらい離れたところだ。これは伸ばした手のひらを広げて、親指の先をじっと見つめたときの小指の先くらいの位置になる。夜空の暗い星をじっと見つめると消えてしまうのに、少し目をそらすと光が感じられる理屈がわかるね。一方、錐体は中心窩に密集している。前に、桿体は高感度、錐体は高精度って書いたけど、この分布がじつによくできていることに気づくかい？　視野全体を高感度センサーで広く探索し、対象が検出されればそちらに視線をやって中心窩でガチッととらえ、高精度センサーを使って詳細に分析する。この、広範囲の探索・検出⇒中心窩での分析という機能分担にとって、**図2**に示す視細胞の分布はまったくムダがなく理にかなっている。どうだい、目って優れものだろう？

psychology

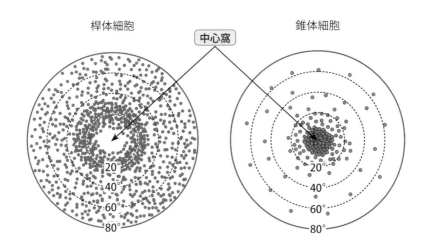

**【図2】**桿体と錐体の網膜上分布

　錐体の特徴をもう1つ紹介しよう。じつは、錐体には3種類あるんだ。可視スペクトル中の長波長側の光に反応しやすい錐体（560nmくらいが感度のピーク）、中間波長に反応しやすい錐体（530nmくらいがピーク）、そして短波長に反応しやすい錐体（420nmくらいがピーク）で、それぞれlong、middle、shortの頭文字を取ってL錐体、M錐体、S錐体とよばれている。目に入ってくる光の性質によってこれら3種類の錐体の反応量の組み合わせのパターンはさまざまに変わり、それが最終的に100万色を区別できるともいわれる私たちの色覚の大元なんだ。色覚を担うしくみは決してこれだけじゃないけど、たった3種類のセンサーの組み合わせが無数の色を見ることの出発点になっていることは事実だ。3種類の発光体の組み合わせで無数の色を見せてくれるテレビのしくみとも、ちょっと似ている。

　さて、視細胞の話ばかりしてきたけど、網膜には桿体と錐体以外にもいろいろな細胞がある。それらは、光を受けて桿体と錐体で生じた神経活動（**活動電位** action potential）を、シナプス結合でもって順次、つぎの細胞に伝えていく。そうした網膜中の神経伝達の最後の細胞は**神経節細胞** ganglion cell（視神経細胞ともいう）といって、1つの目に120万個くらいある。この神経節細胞の長い足（**軸索** axon）は、それこそ120万本が束になって眼球の外に出て、

大脳の後頭部にある**視覚皮質** visual cortex を目指す。この 120 万本の束（**視神経** optic nerve）の出口を解剖学用語で視神経乳頭といい、俗にいう**盲点** blind spot となる。ここは出口なので視細胞はない。だからここに光が当たっても、なにも見えない。

　ちなみに、網膜最後の神経節細胞は 120 万個といったけど、網膜最初の視細胞である桿体と錐体の合計は 1 億 2600 万個だったことを覚えているかい？　これは、すなわち、視細胞と神経節細胞がおよそ 100：1 の比で結ばれていることを意味する。1 個の神経節細胞が 100 個の視細胞からの情報を受け持っているということだ。網膜で、視覚情報が 100 倍に濃縮されているといってもいいね。このことは、取りも直さず視覚情報が、脳へ行く前に目の中でだいぶ下処理されていることを意味しており、目を "脳の出店" ともよぶゆえんだ。目は単なる情報受取器じゃない。

 **"見る" ことはまるで料理⁉**

　はじめに述べたように、私たちが身のまわりの出来事を知る心のはたらきは、感覚、知覚、認知という 3 段階の過程で説明される。これらの段階分けは便宜的なもので、それぞれに明確な区切りがあるわけじゃないけど、大まかにいえばつぎのような位置づけだ。

　**感覚** sensation は外部情報の取り入れの段階だ。したがって、目や耳など情報を取り入れる身体の部位（**感覚器官** sensory organ）、もっと細かくいえば感覚器官の中で情報を直接受け取るところ（**受容器** receptor）が舞台になる。"見る" ことでいえば、感覚器官はもちろん目（眼球）、受容器は視細胞である桿体と錐体だ。ここでの話題の中心は、この受容器、あるいはもう少し先までの細胞、視覚神経系でいえば前に紹介した神経節細胞くらいまでのはたらきかたになる。

　**知覚** perception は取り入れた情報をまとめあげる段階で、本章が主に扱っているのは、まさにこの知覚の過程だ。なぜまとめる必要があるかというと、受け取った情報はそのままでは使い物にならないからなんだ。たとえば "見る" ことの元になる情報（**感覚刺激** sensory stimulus）は光だけど、光そのも

のには、大きさも、形も、色も、動きも、ない。とくに色がないことは信じられないかもしれないけど、ほんとうにないんだ。だから、これらを見るためには、見た人が、受け取った光の性質から作り上げなければならない。主な舞台は脳の中のとくに**大脳皮質** cerebral cortex だけど、視覚にかんしていえば、網膜の中でも結構なまとめが行われていることは前に述べたとおりだ。もう一つ大事なことは、このまとめの過程には、外から来る情報だけでなく、記憶とか知識とか、見る人の内にある情報も影響するということだ。たとえば、あとで述べる線遠近法（1点に収束する輻輳線分）で奥行きを見るのは、実際の三次元空間で何度もそういう見えかたを経験してきたことが元になっている。だから、そういう経験のない生まれたばかりの赤ちゃんは奥行きを見ることができない。

　最後の**認知** cognition は、受け取ってまとめた情報を意味づけする段階だ。見たものがなんであるかを“知る”とか“理解する”ことに当たる。この“理解”が、つぎの行動を導く。舞台は知覚と同じく脳だけど、脳の中でも高次脳領域とか総称される情報の流れの先の方が中心で、しかも範囲もすごく広くなる。ここでは、知覚以上に見る人の内にある情報の影響が大きくなる。その人の性格とか、感情とか、育った文化とか、そんなものまで影響してくる。だから、同じ情報を受け取ったとしても、見る人によって認知は変わる。同じ人でも、その時々で変わることもある。たとえば、無意味なインクのシミがなにに見えるかでその人の性格や心情を判定するロールシャッハテストという性格検査は、そういった視覚認知の曖昧な性質を逆に利用したものだ。

　1つ例を挙げて、以上の流れを説明しよう。“650nm を主波長とする光が眼に入り、網膜中の L 錐体が神経活動を生じる”というのは感覚の段階、“その神経活動の結果、赤という色を見る”のは知覚の段階、“その赤を信号機の赤色と認め、「止まれ」という意味を引き出す”のは認知の段階だ。車の運転中であれば、この認知がブレーキを踏むという行動を導くことになる。

　心理学では、プロセスとか処理という言葉がよく使われる。プロセスチーズとか、このプロセスという語は食品加工の意でも使われるけど、まさに見るというプロセスは料理の流れにもたとえることができる。すなわち、市場で食材を仕入れるのが感覚（受け取り）、台所でその食材を切ったり、焼いたり、味

chapter 7―「見る」の扉

付けしたりとさまざまに処理加工するのが知覚（まとめあげ）、最後に皿に盛りつけ名前のついた料理として完成させるのが認知（意味づけ）に対応するだろう。このとき、皿に盛られテーブルに運ばれてきた料理は、しばしば元の食材とは似ても似つかぬ姿に変わっていることもあるよね。見た目だけでなく、一口味わっても元の食材が想像できず、料理人に「これなんです？」と尋ねるようなこともあるだろう。つまり、調理の結果、元の食材は大きく変容する。見ることも同じで、私たちが最終的に見て理解したものは、元の刺激からは大きく変わってしまうことがある。つぎに述べる錯視はその代表例だ。

## 錯視はトリックじゃない

**錯視** visual illusion, optical illusion とは視覚におきる錯覚のことだ。視覚以外にも錯覚はあって、たとえば、目を閉じて人差し指と中指を交差させ、その間に1本の棒を当てると2本に感じられるという触覚の錯覚もある。これはアリストテレスの錯覚とよばれている。だけど、やはり錯視が圧倒的に種類も多く研究の歴史も長い。近頃は錯視もだいぶ大衆化してきたようで、書店に行けば一般向けの解説書や作品集がたくさんあるし、テレビの教養系バラエティ番組などでもしばしば取り上げられる。ただ、残念なのは、それらの大衆向けメディアでは、錯視のことを"視覚のトリック"とか"目がだまされる"とか、特殊で例外的というイメージで伝える場合が多いことだ。一般の人が楽しむ分にはそれでも構わないけど、これを心理学的に見たらとんでもないウソだ。錯視は決してトリックじゃない。

**図3**（185～187ページ）は、心理学の教科書にたいてい載っている**幾何学的錯視** geometrical optical illusion の代表例だ。幾何学的錯視はさまざまある錯視の中の1つの分類で、その名の通り、単純な幾何学図形の長さ、大きさ、傾きなどが実際と違って見える現象をいう。これらの多くは100年以上前に発見・作図され、今に至るまでずっと研究が続けられている。たとえば、ミュラー・リヤー錯視は1889年に発表された有名な錯視で、外向き／内向きの矢印が付くことで、実際には等しい軸（横線）の長さが随分違って見える。条件がよければ、外向き矢印の軸は内向き矢印の軸より20%以上長く

見えるという強烈な錯視で、しばしば錯視の王様とも称される。だけど、これもトリックじゃないんだ。

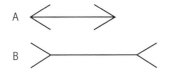

ミュラー・リヤー錯視：AとBの横線分は物理的には同じ長さだが、Bの方が長く見える。

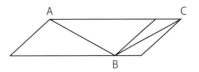

ザンダー錯視：線分ABと線分BCは物理的には同じ長さだが、ABの方が長く見える。

オッペル・クント（分割距離）錯視：AB間、BC間、DE間、EF間の距離はみな同じだが、AB間はBC間より長く、またDE間はEF間より短く見える。

垂直水平錯視：垂直線と水平線の長さは物理的には同じだが、垂直線の方が長く見える。

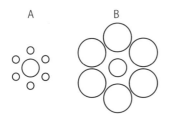

エビングハウス（円対比）錯視：AとBの中央円は物理的には同じ大きさだが、Aの方が大きく見える。

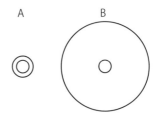

デルブーフ（同心円）錯視：AとBの内側の円は物理的には同じ大きさだが、Aの方が大きく見える。

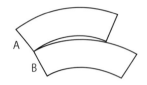

ジャストロー錯視：AとBは物理的には同一（大きさも形も同じ）だが、Bの方が大きく見える。

ポンゾ錯視：上下の水平線の長さは物理的には同じだが、上の水平線の方が長く見える。

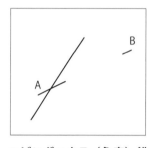

エビングハウス（角度）錯視：AとBの線分は物理的には同一直線上にあるが、Bの方が上方にずれて見える。

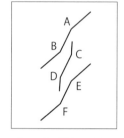

リップス錯視：線分AB、線分CD、線分EFは物理的にはすべて平行だが、CDだけ傾いて見える。

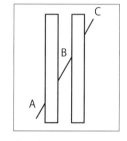

ポッゲンドルフ錯視：A、B、Cの線分は物理的には同一直線上にあるが、AよりB、BよりCが、上方にずれて見える。

ツェルナー錯視：右上から左下にかけての斜めの線分は物理的にはすべて平行だが、互いに傾いて見える。

ミュンスターバーグ錯視：上下の正方形の間にある線は物理的には水平だが、右下がりに傾いて見える。

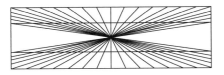
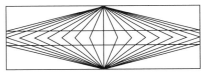

**ヘリング錯視**：中央の2本の横線は物理的には平行だが、外側に湾曲して見える。

**ヴント錯視**：中央の2本の横線は物理的には平行だが、内側に湾曲して見える。

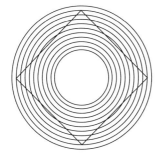
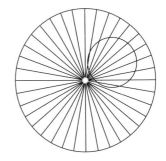

**エーレンシュタイン錯視**：同心円内にある図形は物理的には正方形だが、各辺が内側に湾曲して見える。

**オービソン錯視**：放射線に重なっている図形は物理的には正円だが、たまご型に歪んで見える。

**【図3】代表的な幾何学的錯視**

　錯視は、実際と見た目、より正確にいえば刺激（処理される前の情報）の物理的性質と見え（処理されたあとの知覚結果）の心理的性質が一致しない（ずれる、歪む）現象と定義されることが多い。しかし、前節で述べたように、刺激はたえず処理され姿を変えているのだから、両者がずれることはむしろ当たり前といえる。このずれは、私たちがふだん身のまわりを見ているとき、いつもおこっているのだ。本をちょっと置いて部屋の中を見回してごらん。そうしているときにも、ずれはおきているんだよ。では、なぜふだんそのずれに気づかないかというと、たんにずれの程度が小さいからだ。一方、**図3**に示した幾何学的錯視では、ずれの程度が大きいからそれに気づく。じつは、いくつかのずれかたの基本的ルールがわかっているので、それに従ってずれを最大限引き延ばして見せたものが**図3**をはじめとする錯視図形なんだ（具体的なずれかたのルールについては6節で詳しく述べる）。

## 処理のどこでもずれる！

　刺激と知覚のずれ、すなわち錯視を生む視覚情報の変容は、前に説明した感覚、知覚、認知という一連のプロセスのいたる所で生じている。

　まず、感覚レベルの例だ。**図4**を見てみよう。通常の読書距離で見れば、左図（a）は真っ直ぐの格子模様、右図（b）は内向きに歪んだ模様に見えるだろうが、これを眼に思いきり近づけて見ると様子が変わる。片目で、紙が鼻について画像がぼやけるくらいの近距離で見よう。少し動かしながら見るといい。今度はむしろ（b）の格子が真っ直ぐで、（a）は外向きにふくらんでいるように感じられないか。なぜこんなことがおこるかというと、網膜が球体のため、場所によって水晶体で屈折した光が届くまでの距離が違うことが原因になっている。具体的にいえば、網膜の中心部（中心窩）は周辺部より水晶体からの距離が長いので、その分画像の拡大率が大きくなるということだ。プロジェクタからスクリーンまでの距離が長くなれば、投影される画像が大きくなることと一緒だ。

　眼球は直径24mmほどの大きさなので、上に述べた距離の違いはせいぜい

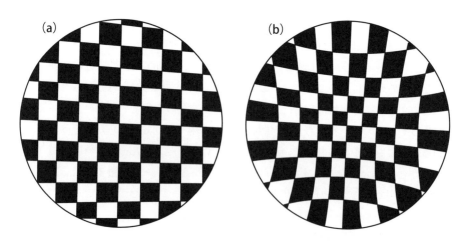

**【図4】** ヘルムホルツのチェッカーパターン

数 mm の話だ。だから、通常の数 10cm の距離で見ればその違いは無に等しくなる。ところが、目の至近で見れば、そのわずか数 mm の違いが投影像の歪みを作るということだ。したがって、この歪みを錯視というならば、それは眼球の光学的特徴に由来する感覚レベルの錯視といえる（ただし、これは純粋に光学的な現象で心理学的要因が関わらないため、錯視とは区別する考えかたもある）。

つぎに**図5**を見よう。今度は知覚レベルの例だ。多くの人が美術の時間に習ったであろう**線遠近法** linear perspective による奥行き表現だね。洞窟の中を走る2体の怪物が描かれているが、左下の怪物に比べ、右上の怪物はずいぶん大きく見えないか。でも、定規を当てれば簡単に確認できるけど、2体はまったく同じ絵なんだ。

言うまでもなく、この錯視を生じさせている原因は線遠近法による奥行き知覚だ。私たちは、"違う距離にあるものが同じ大きさで目に映るとき、遠くのものは大きく、近くのものは小さい"という見えかたのルール（**大きさ―距離不変仮説** size-distance invariance hypothesis という）を無意識にもっていて、それをこの絵にも当てはめた結果、"遠くに見える右上の怪物が、近くに見える左下の怪物より大きい"と感じさせるわけだ。これは、線遠近法による奥行き知覚が大きさの知覚に影響する、典型的な知覚レベルの錯視といえる。

ほとんどの錯視はこの知覚段階でのずれや歪みをあらわすもので、その意味で錯視は主として知覚レベルの現象といっていい。でも、もう1つの認知レベルのずれだってあり得る。再び**図5**に戻るけど、今度は2体の怪物の表情を観察してみよう。大きく見える右上は怒った表情、小さく見える左下はおびえた表情に見えないだろうか。も

【図5】遠近法錯視（シェパード、1990）

chapter 7 ―「見る」の扉

ちろん実際はどちらも同じ絵だけれど、もしそのような表情の違いが感じられるとしたら、それは"左下の怪物が逃げていて、右上の怪物がそれを追っている"という意味づけ（認知的解釈）に基づく認知レベルの歪みといえる。図4と同様、そのような歪みを錯視とよぶかどうかは別問題として、情報の変容が見るというプロセスのあらゆる段階で生じていることは理解されたと思う。

## 錯視は"視覚の文法"

　これまで、錯視にあらわれる情報の変容（ずれ、歪み）は、見るプロセスのいたる所で生じること、日常的にいつも生じていること、ただしそれは気づくほどの大きさではないこと、錯視図形はそのずれを意図的に引き延ばして見せた姿であることを説明してきた。また、ずれかたにはいくつかの基本的ルールがあると述べた。このずれかたのルールこそ、視覚のしくみそのものなのだ。ここでは、そのようなルールの代表的なものを紹介しよう。いうなれば、錯視が教えてくれる"視覚の文法"だ。

### ○ 6-1　三次元に見たがるルール

　図5からもわかると思うけど、私たちは、紙に描かれたような二次元の刺激であっても、さまざまな手がかりを使って可能なかぎり三次元に見ようとする傾向がある。つまり、視覚は基本的に三次元仕様ということだ。もともと私たちが暮らす世界が三次元なのだから、ある意味当然のことといえる。二次元の絵を三次元に見ようとすること自体を錯視とはふつうはいわないけれども、その結果として、大きさや形などの見えかたに副次的に歪みが生じる場合、それはこのルールに従った錯視といえる。たとえば、図6に描かれた2つのテーブルは実際には大きさも形も同じといわれても、すぐには信じられないだろう。説明の詳細は省くが、この驚くべき錯視も、その主たる原因は絵を三次元に見ることだ。つまり、二次元の平行四辺形ではなく三次元の長方形（テーブルの板面は長方形だろう）を斜め上から見ていると判断するので、縦長に描かれた左のテーブルの方が一層長く見えるというわけだ。

　図3で紹介した幾何学的錯視の中にもこのルールが関係している錯視があ

る。たとえば、ポンゾ錯視を引きおこしている2本の輻輳線分（逆V字）は、**図5**の線遠近法を最も単純化したものとみなせる。その結果として2本の横線の長さが違って見えるしくみは**図5**と同じだ。ただし、ポンゾ錯視の原因はこれだけじゃないと考えられている。あとに述べる対比と同化も深く関わっている。

【図6】テーブルの錯視（シェパード、1990）

ポンゾ錯視にかぎらず、一般に錯視の原因は1つではなくマルチだ。

## ◯ 6-2 "偶然性"を排除するルール──視覚は一種の賭けなのだ

　私たちの視覚は、与えられた情報（網膜が受け取る光情報のパターン：**網膜像** retinal image）から、その元となっている、すなわち、その網膜像を作っている外界の対象を推測する賭けのようなものといえる。なぜ賭けかといえば、網膜像だけから対象を正しく当てることは論理的には不可能だからだ。

　たとえば**図5**で見た遠近法の輻輳線分も、その元となる外界対象は、ボーリングのレーンのような三次元世界での平行線かもしれないし、うちわの骨組みのような二次元世界に描かれた放射状の模様かもしれない。この場合、実際には紙に描かれた図だから後者が正解なのだけど、私たちの見えかたはそうならず三次元の奥行きを見て、結果、大きさの錯視を生じる。なぜ奥行き的に見るかといえば、前項で述べたようにそもそも三次元が好きなこともあるけど、さらにいえば、その方が「ありそう」な確率が高いからだ。三次元世界で平行線はいくらでもあり、それを奥行き方向に見れば、必ず線遠近法的な網膜像が作られる。一方、二次元世界で、多数の独立した線分がすべて同じ一点から発することは、あまり「ありそう」なことじゃない。言い換えれば、たまたま偶然の一致ということになるけど、私たちの視覚はこの"偶然性"を嫌い、できるだけ排除しようというのがここに紹介するルールだ。つまり、視覚の賭けは、大穴ではなく最も確率の高い本命に賭ける。

**【図7】**カニッツァの三角形
（カニッツァ、1985）

　**図7**は、作図者の名を取り**カニッツァの三角形** Kanizsa triangle とよばれる錯視だ。ここには、実際には3個のパックマンと3個のV字が描かれているだけだけど、3個の円盤と1個の逆さまの三角形を一部覆い隠すように、白く明るい三角形が見えるだろう。客観的には存在しない輪郭を主観的に見るという意味から、**主観的輪郭** subjective contour ともよばれている。

　この錯視の主要な原因も、偶然性排除のルールだ。主観的三角形の一辺の上に並ぶ物理的刺激（白黒の境界）として、辺の両端を作るパックマンのエッジ2本とその間にあるV字の端点2個の計4個の要素が存在するが、もし与えられた刺激のままこれを見たとすれば、本来独立したそれら4個の要素がたまたま一直線上に並んでいることになる。これは、あまりにも偶然性の高いことだ。エッジ2本と点2個があれば、ふつう、皆バラバラな方向を向くものだろう。この偶然性を回避するためには、存在しない三角形を見て、その一辺として4要素をまとめるしかない。つまり、これらは相互に独立したものでなく、1つの対象の各部分として見えかたを変える（**図地反転** figure-ground reversal という）ということだ。このように、私たちは"ないもの"を勝手に見てまでしてルールに沿った見えかたを達成している。なんて大胆で、積極的で、ダイナミックなヤツなんだ、視覚って！

　ところで、**図7**のような主観的輪郭を応用したデザインは、企業やイベントのロゴタイプやシンボルマークにもしばしば見られるよ。"ないものを見せる"って、見る人にはとても印象深いし、クールで格好いいよね。街中の看板や雑誌の広告などをちょっと探してごらん。きっと主観的輪郭風のデザインが見つかると思うよ。

## ○ 6-3　空間的相互作用のルール：対比と同化

　視覚にかぎったことではないけど、私たちの外界認識は基本的に相対的なものだ。たとえば、大きさにしても、○○メートルまでは"小"でそれ以上は"大"

などといった絶対的な物差しで判断しているわけじゃないだろう。あくまで、与えられた文脈（たとえば「小学1年生にしては大きく見える」）や周囲との比較（たとえば「力士に囲まれた行司は小さく見える」）における相対的な大小でしかない。

　相対的ということは、同じ対象でも、文脈が違えば大きく見えたり小さく見えたりすることを意味する。**図3**にあるエビングハウス（円対比）錯視はまさにそれだ。左右の図形の中心円は実際には同じ大きさだが、より大きな円に囲まれれば相対的に小さく見えるし、逆に小さな円に囲まれれば大きく見える。このように、近くからの影響で反発的に見えかたが変わることを**対比** contrast という。

　視覚における対比としては、**大きさ対比** size contrast の他、明るさや色の対比も知られている。**明るさ対比** brightness contrast（**明度対比** lightness contrast ともいう）の例を挙げれば、同じグレーでも、まわりが白なら暗く見えるし、まわりが黒なら明るく見える。また色の対比（厳密には**色相対比** hue contrast という）では、色味のないグレーがまわりの色の反対色を帯びて見える（反対色については次項で説明する）。これらの対比は違いを強調して目立たせる効果につながるので、身近なところではファッションやメイクアップにも応用されているね。

　ところで、今述べたように対比は隣接領域どうしの反発的な相互作用といえるけれども、興味深いことに、その反対の接近的な相互作用がおこることもあるんだ。たとえば、**図3**にあるデルブーフ錯視を見てほしい。一見エビングハウス錯視と似て、物理的には同じ中心円の大きさが違って見えるという錯視だね。ここで、右の図で生じているのは、エビングハウス錯視と同じく対比だ。すなわち、大きな外円からの反発的な相互作用で中心円が小さく見える。一方、左の図で生じていることはこれと違う。ここでは、少しだけ大きい外円にあたかも引き寄せられるように、接近的な相互作用によって中心円が大きく見えている。このような接近的な相互作用を**同化** assimilation という。同じような二重円なのに、片方では対比が、もう一方では同化がおきているわけだ。反発したり接近したりと気まぐれで難しいけど、この気まぐれがどういったルールでおきているかは心理学的な大問題で、現在でも研究は続けられている。余談

chapter 7─「見る」の扉　193

ながら、これと似たようなことは私たちの人間関係でもありそうだね。違うグループを遠ざけて差別したり、グループ内では近づいてまとまったり……これも対比と同化!?

## ⭕ 6-4 時間的相互作用のルール：残効

　同じ刺激をしばらく見続けると感じかたが変わってくる。これを**順応** adaptation という。たとえば、サングラスをかけたりして視野全体を色づかせると、はじめはその色味が感じられるけど、やがて気にならなくなるよね。これは**色順応** color adaptation、chromatic adaptation だ。前項で述べた対比もそうだけど、この順応も視覚にかぎった話じゃない。むしろ、自分につけた香水の香りが感じられなくなるという嗅覚の順応や、風呂の熱さが次第に感じられなくなるという温度感覚の順応など、視覚以外の経験の方がなじみ深いかもしれないね。

　前に、対比は違いの強調と述べた。より正確にいえば刺激の変化点の強調だ。じつは、私たちにとって重要な情報は、明るさの変化とか色の変化とかの刺激変化点なんだ。対比は、そういった重要な情報を強調して取り込みやすくしてくれるはたらきといえる。逆に言えば、変化のない刺激はあまり重要じゃない。前の例で、サングラスをかけた直後に視野全体が色づくという変化は重要だけど、そのあとかけている間中、同じ色味を感じ続ける必要はないだろう。つまり、ずっと変わらない視野の色づきは情報として次第に重要でなくなっていくということだ。重要でないから次第に感じなくなる。これが、すなわち順応だ。重要な変化刺激は対比によって強調し、重要でない不変化刺激は順応によって抑制する。どうだい、すごく合理的なしくみだろう！

　さて、話を錯視に戻そう。今述べたように順応はあらゆる感覚に共通した基本特性で、視覚順応もそれ自体を錯視とはいわない。しかし、ある刺激への順応の結果、後続の別の刺激の見えかたに反動的な影響が及ぶことがあり、これを**残効** aftereffect とよぶ。残効は錯視に分類していいだろう。たとえば、一定方向一定速度の運動を数分程度観察したあとに静止対象に目をやると、それまでの運動と逆方向の運動印象を感じる。これは**運動残効** motion aftereffect とよばれるもので、自然場面では"**滝の錯視** waterfall illusion"がよく

psychology

194

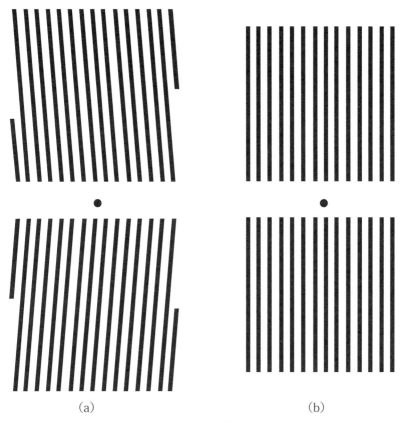

**【図 8】傾き残効**

知られている。また、**図 8** は**傾き残効** tilt aftereffect を観察するためのパターンだ。(b) を隠した状態で (a) の中心点をしばらく見つめた後、(b) の中心点を見てみよう。実際にはまっすぐな (b) の線がどう見えるか、実際に自分の目で確かめてもらいたい。

　他に**色残効** color aftereffect もよく知られている。色での反動的な影響とは、前項でも触れた反対色だ。**反対色** opponent color（**補色** complementary color ともいう）とは、前に述べた色相環で正面に位置する色で、たとえば赤と青緑（シアン）、青と黄は反対色だ。色残効は、色つきのサングラスを外したあとなど視野全体でも生じるけど、むしろ色つきの一定の形を見たあ

chapter 7―「見る」の扉

との方が気づきやすい。たとえば、青い色紙をしばらく見たあと、白い壁に目をやると、同じ形の黄色いカゲが見える。このように形がはっきりしている色残効は、とくに**色残像** color afterimage ともよばれる。余談だけど、医者の手術着が青緑色なのは、血を見たあとの色残像（赤の反対色で青緑）を目立たなくするためだよ。

## ○ 6-5 安定化のルール：恒常性

**恒常性** constancy とは、網膜像に含まれる不要な変動を補正して安定的な見えかたを維持させるしくみのこと……なのだが、ちょっと難しいので、明るさを例にとって具体的に考えてみよう。

網膜が受け取る明るさ情報（光の強度）は、見ている対象の明るさ（**明度** lightness；あるいは光学的にいえば**反射率** reflectance）とその対象に当たる照明光の強さの2つで決まる。単純に2つのかけ算だ。10 × 1 も 1 × 10 も同じになるように、たとえば、白い紙を暗い照明で見たときと黒い紙を明るい照明で見たときで、網膜が受け取る光の強さは等しくなり得る。しかし、そのような場合でも、私たちは正しく白い紙、黒い紙を区別できるはずだ。これは、すなわち、網膜が受け取る明るさ情報を、最終的に、対象の明度という不変的成分と、照明条件による変動的成分とに分けるしくみがあることを意味する。このしくみが**明るさの恒常性** lightness constancy で、このおかげで私たちは照明条件が変わろうとも、対象固有の明るさをおおむね正しく安定的に見ることができるのだ。

恒常性は、明るさや色の他、大きさ、形、位置（運動／静止）など、視覚対象のあらゆる属性について生じている。ふだんはまったく気づかないけど、これらの恒常性がはたらかなかったら見ている世界はぐちゃぐちゃの大混乱、目も開けられないほどだろう。たとえば、片目を開けて、その目尻を指で軽く繰り返し押してごらん。世界がぐらんぐらんと揺れるだろう。これはあえて位置の恒常性を無効化したときの見えかたで、ふだんは決してこんな見えかたはしないから安心していい。ほんとうに恒常性はありがたいしくみだってわかるだろう。

ただし、6-1で述べた三次元視をそれ自体錯視とはみなさないのと同様、恒

psychology

常性も一般にそれ自体を錯視とは考えない。どちらも、錯視とよぶにはあまりに本質的な視覚の性質だからだろう。だけど、三次元視の場合と同じく、恒常性が結果として錯視的効果を生む場合がある。たとえば、**図9**に描かれた箱は白→黒→白→黒→白という均質な帯

**【図9】明るさの恒常性と明るさ錯視**
(http://www.labofmisfits.com/illusiondemos/Demo%2016.html)

で覆われているように見えるが、実際には、上半分の"黒帯"部分と下半分の"白帯"部分が等しい明度（反射率）になっている。上の黒帯と下の白帯が同じ明るさ？　信じられないかもしれないが、ウソだと思ったら、そこだけ見えるように穴を開けた紙を置いて確認してごらん。この明るさの錯視は、上半分（箱の水平面）と下半分（垂直面）の全体的な明るさの違いを、箱自体の明度差ではなく照明の違いによる影響として恒常性が補正した（誤って補正しちゃった）結果生じたものだ。ちょっと皮肉っていえば、できすぎる恒常性の勇み足といったところか。

## ◯ 6-6　分けられないものはつなげるルール：仮現運動

　私たちが毎日のように見ているテレビ、あれも錯視だ。「そりゃそうだ、ドラマはフィクションだから……」って、そういう意味じゃなくて、テレビで人や物が動いて見えることが錯視なのだ。考えてみれば当然だろう。画面上でホントに物が動いているわけじゃないのだから。実際は動きのない静止画の連続だ。

　今のテレビ映像は、だいたい1秒間に30枚の画像を写している。1枚1枚ちょっとずつ位置のずれた画像をダダダッと高速で見ているわけだけど、私たちの視覚も、さすがにこれを分けて見ることはできない。時間分解能の限界というヤツだ。その結果、1枚1枚の位置ズレが補完されて、なめらかな動

きを見ることになる。つまり、テレビで見ている動きはすべて現実にはない錯視といえるもので、専門用語で**仮現運動** apparent motion という。ちなみに、昔の映画はコマ数が今より少なかったので、動きがなめらかでなくカクカク見えることがあるよね。あれが時間分解能ぎりぎりのところってわけだ。

　小学生の頃、授業中に退屈して、ノートか教科書の隅っこにちょっとずつ位置のずれた絵を何ページも描いて、パラパラめくって遊んだことがないかい？いわゆる "パラパラマンガ" というヤツだけど、あれも立派な仮現運動だ。テレビや映画とまったく同じしくみだ。もう１つよく例に挙げられるのは踏切の点滅灯。カンカン音を鳴らしながら、横に並んだ赤い電灯が交互に点滅を繰り返すヤツだけど、たまたま条件が合うとここでも仮現運動が生じて、２つでなく１つの赤い光が左右に往復運動しているように見える。近頃は街中で踏切を見ることも少なくなってしまったが、機会があったら見てごらん。わかっていても "１つの光の往復" にしか見えないはずだ。

　ところで、"分けられないものはつなげるルール" とは違うルールに基づくのだけど、仮現運動以外にも動きにかんする錯視はたくさんあるよ。6-4 で紹介した運動残効も "動きの錯視" だよね。この他にも、自動運動とか、誘導運動とか、自己身体誘導運動とかいろいろある。自己身体誘導運動（ベクションともいう）は、視野の大部分が一斉に同じ方向に動くことで、自分自身の身体が逆方向に動かされるように感じる "体感型" の錯視だ。駅のホームで眼前の列車が動き出したときに、自分の身体が倒れそうに感じたことはないかい？これは**列車の錯視** train illusion とよばれている。遊園地にあるビックリハウスはこの自己身体誘導運動を利用したものだ。未経験の人は行ってみよう。もっと強烈な自己身体誘導運動が体感できるぞ。それから、運動系の錯視についてはインターネットの動画サイトで探すのもいいよ。"illusory motion" で検索してごらん。きっと、いろいろ楽しめる錯視に出会えるよ。

## ◯ 6-7　歪んだ空間のルール：異方性

　私たちが見る空間（**視空間** visual space）は、全方位均等ではなく、水平方向に比べ垂直方向がつぶれた偏平な形であることが知られている。これを視空間の**異方性** anisotropy という。

psychology

異方性が関係する錯視として天体錯視がある。これは、視方向によって同じ天体でも大きさが異なって見える現象で、具体的には、垂直方向（天頂付近）より水平方向（地平線付近）に見たときの方が大きく感じられる。理論的にはどの天体にもおこる現象だけど、現実的に大きさを判断しやすい天体は月しかないので、一般には**月の錯視** moon illusion として知られている。月の錯視を説明しようとする理論は数多くあるけど、その1つが視空間の異方性に基づくものだ。**図10**に示されるように、この説では、地平線方向の月は天頂方向よりも遠くに感じられるため、相対的に大きく見えると説明される。ただし、実際にはそんなに単純ではなく、地平線方向の月の方が遠くに見えるとはかぎらない。月の錯視はアリストテレスも取り上げていたほど大昔から知られているけれども、今でも複数の要因の複合作用であろうということまでしかわかっていないんだ。……奥が深いね。

　またまた余談だけど、5円玉を持って腕を伸ばして見ると、満月はだいたい5円玉の穴にすっぽり収まる。もちろん、天頂でも地平線近くでも月の大きさは変わらない。手を伸ばした5円玉の穴だよ！　実際の月って意外に小さいんだね。また別の話、月が絵に描かれる場合、たいていかなり大きく表現される。西洋画でも、浮世絵でもいいから、探して見てごらん。もちろん画家は目に見えたままを表現しているわけじゃないけど、このことに月の錯視が一役買っている可能性は十分あるよね。絵に描かれる月って、まず地平線近くだから。

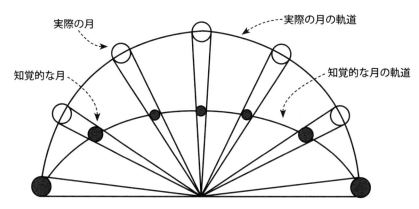

【図10】視空間の異方性と月の錯視

## ルールをわかっていないからこその錯視⁉

　これまで述べてきたように、錯視は私たちの視覚の文法の通りに生じている当たり前の現象だ。しかし一方で、さまざまな錯視を見たとき、まるで巧妙なトリックにだまされたような不思議さや驚きを感じることも事実だよね。当たり前のことになぜ不思議さを感じるかといえば、それは、私たちが視覚の文法をよく知らない、あるいは、知っていたとしても常識になっていなくて、しっかりと身についていないためだ。まぁ、つまりは当たり前のことが当たり前になっていないということだね。

　当たり前になって常識化されたルールには、もはや不思議さは感じない。たとえば、画家は青色と黄色の絵の具を混ぜて緑色ができることになんら不思議さは感じないけど、はじめて絵の具を使う子どもにはすごい驚きだろう。常識化されておらず、したがって不思議さを残す視覚の文法のあらわれを錯視とよぶならば、混色（絵の具を混ぜる場合は、**減法混色** subtractive color mixture）は子どもの目にはまさしく錯視と映るだろう。

　一般に錯視とよばれる現象のほとんどは、いまだ十分に解明されていない。解明されたかどうか、という判断も相対的なものでしかないけど、少なくとも不思議さが一掃されたとは言い難い。でも、いずれ研究と啓発が進み、あらゆる視覚の文法が人々にとって当たり前の常識になる日が来れば、それは錯視という言葉と概念の終焉（しゅうえん）を意味するだろう。画家にとっての混色のように"そう見えること"が当たり前になれば、もはやことさらに錯視なんて騒ぎ立てる必要はないのだから。

はじめに宣言したことをもう一度繰り返すけど、錯視は決して視覚のトリックや見誤りじゃない。一般的な視知覚のルールの例外でもない。むしろ、典型というべきだ。ましてやおもしろいだけの研究者のおもちゃでもない。それは、大げさにいえば見えかたの真実そのもの、視覚の文法だ。つまり、私たちはいつも錯視を見て、錯視の世界に暮らしているということだ。

## おわりに──当たり前のありがたさ

　本章では"見る"ことをテーマに、そのハードウェアである網膜のしくみと、ソフトウェアである錯視をおこす見えかたのルールの特徴を説明してきた。ハードもソフトもここで紹介したことはごく一部で、他にもたくさんのおもしろい話題がある。興味がわいた人は、このあとに紹介するお薦めの本をめくってほしい。きっと驚くよ。

　一般に行動のしくみというと、たとえば"推理して謎を読み解く"とか"人を愛する"とか、はっきりと自覚できる問題に目を向けやすいよね。だけど、高度に自動化されてふだんはめったに自覚しない行動のしくみにも注目してほしい。自覚しない行動のしくみ、ということは、自覚せずにすむほど、その完成度が高いということだからだ。機械だって完成度の低いものなら、使うたびに「うまく動くかな……」と気になって少し緊張するけど、完成度の高いものだったらいちいちそんなこと気にせずに使えるだろう。本章で述べてきた"見る"はたらきは、まさにふだん無頓着でいられるほど高度に完成された行動のしくみなのだ。

　当たり前の物や事って、ふだん意識しないよね。ましてやありがたみなんて感じない。水も、空気も、太陽も。でも、これらがなかったら私たちは生きていけない。だから、たまにはこれらの当たり前に感謝してもいいよね。"見る"ことも、私たちのふつうの暮らしを支えている。"そう見えること（色も、形も、奥行きも、動きも……）"のありがたみをかみしめてみようか。それと目は大事にね。

chapter 7──「見る」の扉　　201

## お薦めの本 ≫≫≫────────→

### ⦿ 今井省吾『錯視図形 見えかたの心理学』サイエンス社（1984）

　幾何学的錯視を中心に、錯視効果を最大化した錯視図形が多数、しかも美しく掲載されています。"読み物"としてだけでなく"作品集"としても価値が高いです。筆者の学生時代、この本をテキストに半年間錯視の授業が行われました！

### ⦿ 椎名健『錯覚の心理学』講談社現代新書（1995）

　幾何学的錯視から絵画・建築に至るまで、"錯視的なもの"が広範に紹介されています。とくに、錯視が発見され人々に楽しまれた歴史や、錯視研究を彩った人間模様など、知られていない裏話が楽しい。読みやすい新書なので初心者にもお薦め。

### ⦿ 松田隆夫『視知覚』培風館（1995）

　錯視だけでなく"見ること"のすべてが詳細に述べられている専門的教科書。内容的にはやや高度ですが、多人数の共著でなく、1人の著者が網羅的に説明している書は稀有で、それゆえ筆の調子が統一されていて読みやすい。博学で経験豊富な著者の"寄り道コメント"が、よいスパイスになっています。

psychology

## 虹は7色？

「虹の色はいくつ？」と聞かれれば、日本人なら誰だって「7色に決まってるじゃん」と答えるだろう。でも、これは世界の常識じゃないんだ。鈴木（1990）によれば、アメリカ人やイギリス人はたいてい「6色（スミレ、青、緑、黄、橙、赤）」と答えるらしい。ドイツでは5色が主流、さらにアフリカの一部地域では3色や2色に数える言語もあるとのこと。これはいったいどういうわけなのか？

虹は、空に浮く雨粒が、プリズムと同じ原理で太陽光を分光した結果だ。つまり、波長によって屈折率が違うので、地上から見れば色の帯が分かれる。世界ではじめてプリズムを使って太陽光がさまざまな波長（色）の光の合成であることを示したのは、ご存じニュートンだよね。今から350年くらい前のことだ。分光された色の帯を見たニュートンは、これを、violet（スミレ）、indigo（藍）、blue（青）、green（緑）、yellow（黄）、orange（橙）、red（赤）の7色に分けた。なぜ7色か……ということにかんしては、キリスト教の神聖性（たとえば、7つの徳、7つの大罪）だとか、7音階との対応だとかいろいろいわれるけど、真相はわからない。だけど、とにかく彼は7色にこだわったようで、プリズム実験に立ち会った助手にも「7色に見えるよね」と確認したみたいだ。

ニュートン以来、祖国イギリスをはじめとする西洋でも、科学的には、あるいは教育の場では「虹は7色」と説かれているという。イギリスでは、7色名を順に頭文字で覚えるための"Vibgyor"という造語も使われている（"ヴィブジョー"と読むそうだ）。だけど、はじめにいったように大衆的な理解では6色が主流らしい。

「虹の色はいくつ？」という問いに正解はない。実際には色が分かれているわけではなく"連続的に変化している"のだから、あえて言えば「無限」だ。無限の変化を"いくつに分けて見るか"は、見る人の自由だ。あなたには、虹の色がいくつに見える？

# 文献

## Chapter 1 章（つきあう）

Anderson, N. H., "Likableness ratings 555 personality-trait words." *Journal of Personality and Social Psychology 9*, 1968, 272-279.

Cialdini, R. B.,*Influence: Science and Practice (4th Ed)*. Boston: Allyn & Becon(2001).

Festinger, L., *A Theory of Cognitive dissonance*. New York: Row & Peterson(1957).

齋藤勇『好きと嫌いの人間関係』エイデル研究所（1985）

## Chapter 2（恋する）

松井豊『恋ごころの科学』サイエンス社（1993）

Rimé, B., B. Mesquita, S. Boca, & P. Philippot, "Beyond the emotional event: Six studies on the social sharing of emotion." *Cognition & Emotion 5*, 1991, 435-465.

坂口安吾『堕落論』角川文庫（1957）

Singh, D. "1993 Adaptive significance of female physical attractiveness: role of waist-to-hip ratio (WHR)." *Journal of Personality and Social Psychology 65*, 293-307.

スタンダール／大岡昇平訳『恋愛論』新潮文庫（1970）

戸田正直『感情――人を動かしている適応プログラム』東京大学出版会（1992）

United Nations Children's Fund 2008 Progress for Children: "A Report Card on Maternal Mortality." Number 7 UNICEF, New York.（日本ユニセフ協会ホームページから検索　https://www.unicef.or.jp/osirase/back2008/pdf/Progress_for_children_2008.pdf）

Ward, B. W., J. M. Dahlhamer, A. M. Galinsky & S. S. Joestl, "National Health Statistics Reports: Sexual Orientation and Health Among U.S. Adults": National Health Interview Survey, 2013. (Report No.77). 2014 Retrieved from the U.S. Department of Health and Human Services, National Center for Health Statistics website: https://www.cdc.gov/nchs/data/nhsr/nhsr077.pdf

psychology

余語真夫・尾上恵子・藤原修治「言葉にして語ってごらんなさい：筆記療法の基礎」『同志社心理』61（2014）1-17頁

## Chapter 3（育つ）

花沢成一『母性心理学』医学書院（1992）

柏木惠子・若松素子「『親となる』ことによる人格発達：生涯発達的視点から親を研究する試み」『発達心理学研究』5（1994）72-83頁

マズロー、A・H／小口忠彦監訳『人間性の心理学』産能大学出版部（1971）

大坪治彦「親の顔を見分ける赤ちゃん」無藤隆・岡本祐子・大坪治彦編『よくわかる発達心理学』ミネルヴァ書房（2004）20-21頁

Parten, M. B., "Social participation among pre-school children." *Journal of Abnormal and Social Psychology 27*, 1932, 243-269.

下條信輔「乳児の視力発達」『基礎心理学研究』2（1983）56-67頁

鑪幹八郎「アイデンティティ」岡本夏木・清水御代明・村井潤一監修『発達心理学辞典』ミネルヴァ書房（1995）245頁

Wynn, K., "Addition and subtraction by human infants." *Nature 358*, 1992, 749-750.

## Chapter 4（学ぶ）

Blakemore, C. & G. F. Cooper, "Development of the brain depends on the visual environment." *Nature 228*, 1970, 477-478.

Gregory, R. L., *The intelligent eye*, Littlehampton Book Services Ltd.(1970).

Lepper, M. R., D. Greene, & R. E. Nisbett, "Undermining children's intrinsic interest with extrinsic rewards: A test of the 'overjustification' hypothesis." *Journal of Personality and Social Psychology 28*, 1973, 129-137.

Watson, J. B. & R. Rayner, "Conditioned emotional reactions." *Journal of Experimental Psychology 3*, 1920, 1-14.

## Chapter 5（記憶する）

バートレット、F・C／宇津木保・辻正三訳『想起の心理学：実験的社会的心理学における一研究』誠信書房（1983）

Godden, D. R. & B. D. Baddely, "Context-dependent memory in two natural environments: On land and underwater." *British Journal of Psychology 66*, 1975, 275-407.

Loftus, E. F. & J. C. Palmer, "Reconstruction of automobile destruction: an example of the interaction between language and memory." *Journal of verbal learning and verbal behavior 13*, 1974, 585-589.

ロフタス、E・F、K・ケッチャム／仲真紀子訳『抑圧された記憶の神話——偽りの性的虐待の記憶をめぐって』誠信書房（2000）

なぞなぞクイズ nazo2.net http://www.nazo2.net（2017 年 12 月 11 日検索）

齋藤洋典・四方義啓「最小核モデルから観た連想記憶：ヒトの漢字情報検索における優先方略」日本認知科学会編『認知科学の発展 1』講談社（1988）72-111 頁

タルヴィング、E ／太田信夫訳『タルヴィングの記憶理論：エピソード記憶の要素』教育出版（1985）


## Chapter 6（悩む）

河合隼雄『中年クライシス』朝日新聞社（1993）

厚生労働省（2017）自殺の統計：各年の状況　第 3 章 平成 28 年中における自殺の内訳 http://www.mhlw.go.jp/file/06-Seisakujouhou-12200000-Shakaiengo kyokushougaihokenfukushibu/h28kakutei_4.pdf（2017 年 9 月 9 日検索）

ラザルス、F・S、S・フォルクマン／本明寛・春木豊・織田正美（監訳）『ストレスの心理学：認知的評価と対処の研究』実務教育出版（1991）

総務省統計局政府統計総合窓口（e-Stat）（2017）平成 28 年度中の交通事故死者数について https://www.e-stat.go.jp/stat-search/files?page=1&layout=datalis t&lid=000001168544（2017 年 9 月 9 日検索）


## Chapter 7（見る）

カニッツァ、G ／野口薫監訳『視覚の文法』サイエンス社（1985）

シェパード、R・N ／鈴木光太郎・芳賀康朗訳『視覚のトリック　だまし絵が語る＜見る＞しくみ』新曜社（1993）

鈴木孝夫『日本語と外国語』岩波新書（1990）

# ■索引

## ＜アルファベット＞

### 【S】
SVR 理論 theory of stimulus-value-role …50

### 【T】
TOT 現象 tip-of-the-tongue phenomenon
………………………………………… 136

## ＜かな＞

### 【あ】
アージ理論 urge theory ………………… 37
愛着 attachment ……………………………… 67
愛着スタイル attachment style ………… 45
アイデンティティ identity ………… 74, 149
愛の三角理論 triangular theory of love … 39
愛の色彩理論 the colors of love………… 41
アガペー（Agape：献身の愛）………… 43
明るさ対比 brightness contrast………… 193
明るさの恒常性 lightness constancy … 196
安全基地 secure base ……………………… 67

### 【い】
一次的評価 primary appraisal ……… 156
遺伝子 gene ………………………………… 90
異方性 anisotropy ……………………… 198
意味記憶 semantic memory ………… 126
色記憶 color memory ………………… 130
色残効 color aftereffect ……………… 195
色残像 color afterimage ……………… 196
色順応 color adaptation、
chromatic adaptation … 194
インセンティブ incentive …………… 106

### 【う】
うつ病 depressive disorder…………… 174
運動技能学習 motor skill learning ……… 93
運動残効 motion aftereffect ………… 194

### 【え】
エピソード記憶 episodic memory……… 126
エロス（Eros：美への愛）……………… 42

### 【お】
大きさ─距離不変仮説 size-distance
invariance hypothesis ………… 189
大きさ対比 size contrast ……………… 193
置き換え displacement ……………… 160
オペラント学習 operant learning ……… 105

### 【か】
外発的微笑 elicited smiling …………… 64
回避・逃避型のコーピング escape-
avoidance coping ……………… 162
学習 learning…………………………… 87
学習障害 learning disability、learning
disorder: LD ……………… 85
仮現運動 apparent motion …………… 198
可視スペクトル visible spectrum ……… 178
傾き残効 tilt aftereffect ……………… 195
価値 value ……………………………… 51
活動電位 action potential …………… 181
カニッツァの三角形 Kanizsa triangle …192
感覚 sensation ………………………… 182
感覚器官 sensory organ ……………… 182
感覚刺激 sensory stimulus …………… 182
感受性 sensitivity …………………… 14
干渉説 interference theory …………… 135
桿体 rod ………………………………… 180

### 【き】
記憶色 memory color ………………… 131
幾何学的錯視 geometrical optical illusion
………………………………………… 184
記銘 memorization …………………… 121
境界性人格障害 borderline personality
disorder………………… 176
強化子 reinforcer ……………………… 169
共感的理解 empathic understanding … 167
強迫性障害
obsessive-compulsive disorder: OCD 175
恐怖症 phobia ………………………… 102

索引　207

近接性 proximity ……………………………9

【け】
警告反応期 alarm reaction ……………153
言語 language ……………………… 92
検索 retrieval………………………121
原始反射 primitive reflex………………… 61
減衰 decay………………………136
減法混色 subtractive color mixture ……200

【こ】
恒常性 constancy ……………………196
行動療法 behavior therapy………………166
公平理論 equity theory ……………… 52
合理化 rationalization ……………160
光量子 photon ……………………180
コーピング coping ……………………156
互恵性 reciprocity…………………… 13
心の理論 theory of mind（ToM）…… 71
コミットメント commitment ………… 39
コンピテンス competence………………109

【さ】
再構成 reconstruction ………………141
再生 recall ……………………121
再評価 reappraisal ………………156
錯視 visual illusion, optical illusion ……184
残効 aftereffect ……………………194

【し】
紫外 ultraviolet（UV）………………179
視覚皮質 visual cortex ………………182
色相環 hue circle ……………………180
色相対比 hue contrast ………………193
視空間 visual space ………………198
軸索 axon ……………………181
刺激 stimulus ……………………… 50
自己イメージ self-image…………… 21
自己開示 self-disclosure ………… 12
視細胞 visual cell ……………………180
視神経 optic nerve ………………182
自伝的記憶 autobiographical memory　127
自発的微笑 spontaneous smiling ……… 64

自閉スペクトラム症
　　autism spectrum disorder : ASD　… 85
社会的参照 social referencing ……… 68
社会的証明 social proof …………… 20
社会的微笑 social smiling ……… 64
主観的輪郭 subjective contour ……192
主調色 dominant color ……………132
受容 acceptance ……………………167
受容器 receptor ……………………182
純粋性 genuineness……………………167
順応 adaptation ……………………194
情動焦点型のコーピング
　　emotion-focused coping ………161
情動の社会的共有
　　social sharing of emotion ……… 57
情熱 passion ……………………… 39
進化心理学 evolutionary psychology … 38
神経節細胞 ganglion cell………………181
心的外傷後ストレス障害 post traumatic
　　stress disorder: PTSD ………175
親密さ intimacy ……………… 39
心理学的ストレスモデル
　　psychological stress model…………155

【す】
錐体 cone ……………………180
図地反転 figure-ground reversal ………192
ステレオタイプ stereotype …………………3
ストルゲ（Storge：友愛）…… 42
ストレス stress ……………………152
ストレス反応 stress response ………153
ストレス・マネジメント
　　stress management ……………162
ストレッサー stressor ………………153

【せ】
精神障害 mental disorders ……………174
性的嫉妬 sexual jealousy ……………… 32
生得的行動 innate behavior ………… 90
青年期 adolescence ………………149
赤外 infrared（IR）……………………179
セルフ・サーヴィング・バイアス
　　self-serving bias ……………… 18

線遠近法 linear perspective …………189
宣言的記憶 declarative memory ………129

【そ】
想起 remembering …………………121
創造の病 creative illness ………………151
ソーシャルサポート social support ……163
ソーシャルスキル social skills …………112

【た】
対象の永続性 object permanence……… 65
対人認知 person perception …………… 2
対人魅力 interpersonal attraction ……2, 7
代替関係 alternative relationships …… 15
大脳皮質 cerebral cortex………………183
対比 contrast………………………193
滝の錯視 waterfall illusion ……………194
短期記憶 short-term memory …………123
単純接触効果 mere exposure effect … 9, 47

【ち】
知覚 perception …………………182
注意欠如・多動症 attention-deficit /
hyperactivity disorder : AD/HD　85
中心窩 fovea ……………………180
長期記憶 long-term memory …………125
貯蔵 storage ……………………121

【つ】
月の錯視 moon illusion ………………199

【て】
抵抗期 resistance ………………153
デイリーハッスル daily hassles …………154
手続き的記憶 procedural memory ……130
電磁波 electromagnetic wave ………178
展望的記憶 prospective memory … 62, 133

【と】
投影（投射）projection ………………160
同化 assimilation …………………193
統合失調症 schizophrenia ……………174
洞察学習 insight learning …………… 94

投資 investment …………………… 15
闘争・逃走反応 fight-or- flight response
…………………………154

【な】
内発的動機づけ intrinsic motivation……107

【に】
二次的評価 secondary appraisal ………156
偽の記憶（虚偽記憶）false memory …141
入力 input ………………………121
認知 cognition …………………183
認知行動療法
cognitive-behavioral therapy …166
認知資源 cognitive resource ………… 97
認知的評価 cognitive appraisal ………155
認知的不協和理論
cognitive dissonance theory ……… 16
認知療法 cognitive therapy …………170

【ね】
熱愛 passionate love ………………… 34

【は】
配偶者選好 mate preference …………… 31
波長 wavelength …………………178
発達障害 developmental disability、
developmental disorder ……… 85
パニック障害 panic disorder …………174
反射 reflex ……………………… 90
反射率 reflectance ………………196
反対色 opponent color ………………195
汎適応症候群
general adaptation syndrome：GAS　153
反動形成 reaction-formation …………160

【ひ】
比較認知科学
comparative cognitive science ……117
筆記療法 writing cure …………………164
疲憊期 exhaustion …………………153

索　引 209

## 【ふ】

不安障害 anxiety disorder ‥‥‥‥‥174
符号化 encoding ‥‥‥‥‥‥‥‥121
プラグマ（Pragma：実利の愛）‥‥‥ 43

## 【へ】

返報性 reciprocation ‥‥‥‥‥‥ 19

## 【ほ】

防衛機制 defense mechanism ‥‥‥‥160
忘却 forgetting ‥‥‥‥‥‥‥‥133
報酬 reward ‥‥‥‥‥‥‥ 46, 106
保持 retention ‥‥‥‥‥‥‥‥121
補色 complementary color ‥‥‥‥‥195
ホメオスタシス（恒常性）homeostasis 154
本能行動 instinctive behavior ‥‥‥‥ 90

## 【ま】

マッチング（釣り合い）仮説 matching
　　　 hypothesis ‥‥‥‥‥‥ 11
マニア（Mania：熱狂の愛）‥‥‥‥ 42

## 【む】

無意識 unconscious ‥‥‥‥‥‥ 94
無意味つづり nonsense syllables ‥‥‥116

## 【め】

明度 lightness ‥‥‥‥‥‥‥‥196
明度対比 lightness contrast ‥‥‥‥193
メタ記憶 meta memory ‥‥‥‥‥144

## 【も】

盲点 blind spot ‥‥‥‥‥‥‥‥182
網膜 retina ‥‥‥‥‥‥‥‥‥180
網膜像 retinal image ‥‥‥‥‥‥191
モデリング modeling ‥‥‥‥‥‥110
問題焦点型のコーピング
　　 problem-focused coping ‥‥‥161

## 【や】

役割 Role ‥‥‥‥‥‥‥‥‥ 51

## 【よ】

良いストレス eustress ‥‥‥‥‥‥158
養護性 nurturance ‥‥‥‥‥‥ 75
幼児期健忘 childhood amnesia ‥‥‥129
抑圧 repression ‥‥‥‥‥‥‥‥160
予言の自己成就
　　 self-fulfilling prophecy ‥‥‥‥ 22

## 【ら】

来談者中心療法
　　 client-centered therapy ‥‥‥‥166
ライフイベント life events ‥‥‥‥154
ラポール rapport ‥‥‥‥‥‥‥166

## 【る】

類似性 similarity ‥‥‥‥‥‥‥ 10
ルダス（Ludus：遊びの愛）‥‥‥‥ 42

## 【れ】

列車の錯視 train illusion ‥‥‥‥‥198
レミニセンスバンプ
　　 reminiscence bump ‥‥‥‥‥‥127
連合学習 associative learning ‥‥‥100

## 【ろ】

ロミオとジュリエット効果
　　 Romeo and Juliet effect ‥‥‥‥ 17

## 【わ】

ワーキングメモリ working memory 62,123
悪いストレス distress ‥‥‥‥‥‥158

psychology

## 編著者

**羽成隆司 Hanari Takashi**
本書のねらい、Chapter 5（記憶する）担当。椙山女学園大学文化情報学部教授、博士（心理学）。専門：認知心理学。

**河野和明 Kawano Kazuaki**
本書のねらい、Chapter 2（恋する）担当。東海学園大学心理学部教授、博士（心理学）。専門：感情心理学、進化心理学。

## 著者

**伊藤君男 Ito Kimio**
Chapter 1（つきあう）担当。東海学園大学心理学部教授、博士（文学）。専門：社会心理学。

**安田恭子 Yasuda Yasuko**
Chapter 6（悩む）担当。愛知淑徳大学人間情報学部講師、修士（学術）。専門：生理心理学、音楽心理学。

**天谷祐子 Amaya Yuko**
Chapter 3（育つ）担当。名古屋市立大学大学院人間文化研究科准教授、博士（教育心理学）。専門：発達心理学。

**亀井　宗 Kamei So**
Chapter 6（悩む：9節、コラム）担当。とわたり内科・心療内科カウンセラー、臨床心理士、修士（文学）。専門：臨床心理学。

**井口善生 Iguchi Yoshio**
Chapter 4（学ぶ）担当。福島県立医科大学附属生体情報伝達研究所助教、博士（心理学）。専門：学習心理学、行動神経科学。

**髙橋晋也 Takahashi Shinya**
Chapter 7（見る）担当。東海学園大学心理学部教授、博士（心理学）。専門：知覚心理学、色彩心理学。

**中村信次 Nakamura Shinji**
Chapter 5（記憶する：6節）担当。日本福祉大学全学教育センター教授、博士（心理学）。専門：知覚心理学、色彩心理学。

（担当章順）

## あの人はどうしてそうしてしまうの？
──身近な7つの扉から入る心理学の世界

2018 年 5 月 16 日　初版第 1 刷発行
2020 年 4 月 30 日　初版第 2 刷発行

編著者　羽成隆司／河野和明
発行者　鋤柄　禎
発行所　ポラーノ出版
　　　　〒 195-0061
　　　　東京都町田市鶴川 2-11-4-301
　　　　mail@polanopublishing.com
　　　　https://www.polano-shuppan.com/
　　　　Tel 042-860-2075　Fax 042-860-2029
印　刷　モリモト印刷

落丁本、乱丁本は小社までお送りください。送料小社負担にて
お取り替えいたします／定価はカバーに記載されています。
© 2018 Takashi Hanari and Kazuaki Kawano, et al.
Printed in Japan  ISBN978-4-908765-11-7  C0011